14살의
딸 공부

친구에게 상처 주기도 상처 받기도 싫은
십 대를 위한

14살의
말 공부

〚 이임숙 지음 〛

21세기북스

"우리가 정말
친해질 수 있을까?"

"친해지고 싶은 그룹이 있는데 어떻게 해야 할지 모르겠어."
"친구들이 단톡방에서 은근히 따돌리는 것 같아."
"친구가 없어서 학교 못 가겠어."

상담실에서 제일 많이 듣는 열네 살 사춘기 친구들의 고민
이야. 이런 고민이 생길 때 어떻게 하니?

사춘기가 되면 부모님과는 선을 긋고 싶고 친구와는 완전히

하나가 되고 싶다는 생각이 온 마음을 차지해. 친구와의 의리를 위해서라면 뭐라도 할 수 있을 것 같고, 친구의 말 한마디면 움직이기 싫던 몸이 벌떡 튀어 오르고, 공부엔 관심 없어도 같이 스터디카페 가자는 친구의 말이 그렇게 반가울 수가 없지. 친구만 있다면 힘들어 죽고 싶은 마음도 쏙 들어가 버릴 거야. 친구와 함께라면 무슨 일이든 용감하게 전진하며 세상의 문을 두드릴 수 있을 것 같아.

그런데 친구를 사귀고 우정을 잘 키워 가는 게 쉬운 일이 아니야. 마음고생을 많이 하기도 해.

친구랑 잘 지내고 싶어서 어떻게든 친구 마음에 맞추려 전전긍긍하고, 혹시 친구가 싫어하면 어떡하나 하고 마음 졸이고, 친구의 한마디에 소심하게 고민하고, 친구가 살짝 흘겨보는 눈빛에도 주눅 들고, 나를 함부로 대하는 친구에게 내가 뭘 잘못했기에 그러냐는 말도 못 하고, 그러다 친구가 조금만 잘해 주면 간도 쓸개도 없이 다 내주고 있는 건 아니니?

만약 그렇다면 친구가 있어도 마음이 불편할 것 같아.

진짜 친구 사이라면 함께 있을 때 편안하고 즐거워야 해. 어려울 때는 서로 도와줄 수 있어야겠지. 갈등이 생겨도 잘

풀고 다시 친해질 수 있어야 하지. 그렇게 슬기로운 우정 생활을 하는 방법이 궁금한 사춘기들을 위해 이 책을 썼어.

친구와 단단히 연결되고 어우러지는 방법을 알려 줄게. 책으로 배우는 건 이론일 뿐이라 실전에 잘 통하지 않을 것 같다고? 그런 마음이 든다면 이렇게 생각해 보자. 어린이집, 유치원을 다니기 시작한 순간부터 지금까지 아마도 최소 10년 이상 친구를 사귀며 실전에서 사회성을 키웠을 거야. 그래서 지금은 친구 고민이 전혀 없니? 그렇지 않을 거야. 어쩌면 겉으로는 잘 지내고 있고, 어울리는 친구가 많을 수 있지. 하지만 마음속으론 친구와의 소소한 갈등에 종종 마음이 불편하거나, 각각의 상황에서 어떻게 해야 하는지 몰라 답답하고 혼란스럽기도 했을 거야. 세상 모든 일을 경험으로만 배울 수 있는 건 아닌 것 같아.

슬기로운 우정 생활을 위해 친구에 대한 새로운 관점과 심리학을 적용한 관계 맺기 방법이 필요해. 경험이 새로워지려면 지금까지와는 다른 생각과 다른 방식의 접근을 해야 하니 말이야. 새롭고 놀라울 거야. 친한 친구를 사귀는 방법부터, 나를 있는 그대로 속 시원히 표현하는 법, 갈등이 생겨도 잘 해결하며 더 친하게 지내는 사회적 기술을 소개할게.

　그동안 친구 때문에 죽고 싶다고 말했던 많은 청소년과 만나면서 효과적으로 도움이 되었던 방법을 모았어. 심리학적 기법을 적용한 방법은 신기하고 효과가 좋았지. 이 지혜를 적용했던 아이들은 서서히 친구와 잘 어울리며 활기와 의욕을 되찾을 수 있었어. 혹시 너에게도 친구 고민이 있니? 그렇다면 이 책을 통해 자신에게 잘 맞는 친구 사귐의 지혜를 찾을 수 있을 거야.

아동·청소년 심리전문가
이임숙 선생님이

차례

2부

복잡한 관계가 술술 풀리는 사춘기 마음 처방

3부

마음 근육과 함께 자라는
10대 맞춤 말 공부

1부

슬기로운 우정 생활에 필요한 것, 친구 사이 심리학

친구 사이,
무슨 일이 생긴 날!

　　나는 열네 살 기우. 난 참 운이 좋았어. 중학생이 되면서 같이 밥 먹을 친구도 없을까 봐 걱정했는데 6학년 때 좀 친하게 지낸 B가 같은 반이 되었지 뭐야. 진짜 다행이야. 게다가 일주일쯤 뒤엔 B와 친했던 C와도 같이 어울리고, C의 친구 D까지 모두 네 명이 어울리게 되었어.

　　같이 노는 그룹이 생긴 건 정말 중요해. 함께 밥도 먹고, 쉬는 시간에 장난도 치고, 학원 가기 전 틈틈이 잠깐 만나서 수다 떨고 간식 사 먹는 재미가 좋았어.

그런데 어느 날 이상한 일이 생겼어. 밤중에 내가 단톡방에 올린 글을 아무도 읽지 않아. 숫자 3이 사라지지 않는 거야. 친구들 각자에게 문자를 보냈더니 이번에는 읽고도 답장이 없어. 도대체 무슨 일이 일어난 거지? 그래서 제일 먼저 친해졌던 B에게 전화했지. 처음 걸었을 땐 받지도 않았고 다시 거니 받더라. 그런데 목소리가 짜증 난 투였어.

- 왜? 왜 전화했어?
"왜 문자 보고 답장 안 해?"
- 너 같으면 답장하겠냐?
"무슨 말이야? 왜 그러냐고!"
- 네가 우리 뒷담화하고 다녔다며!
"내가 언제, 누가 그래?"
- 네가 K한테 우리 다 욕했잖아!

B는 이렇게 소리치고 전화를 끊어 버렸어. 문득 얼마 전의 일이 떠올랐어.

'그게 욕이라고? 뒷담화 아니었는데, 그냥 한 말인데.... 어떡하지? 큰일났어. 나 망했네!'

사실 그날은 숙제를 하지 않아 학원을 빠졌어. 물론 엄마한 테 엄청나게 혼나고 욕먹었지만, 숙제 안 하고 학원 가면 더 끔 찍하니까 떼써서 겨우 빠졌지. 그랬더니 시간이 남았어. 우리 모임 친구들은 모두 학원 갈 시간이라 심심해져서 작년에 친했 던 K에게 문자를 했어. 마침 K도 시간이 난다길래 둘이 잠깐 만 나서 놀았거든. 놀면서 이야기하다 서로 지금 친구들 이야기를 했어. 난 그냥 아무 생각 없이 B, C, D의 장점과 단점을 말했을 뿐이라고.

"B는 되게 착한데 목소리가 너무 크고 잘 흥분해서 가끔 차 증 나고, C는 재미있고 좋은데 자기가 하고 싶은 것만 하려고 하고, D는 자기 생각은 별로 없이 그저 애들 의견대로 따라 가는 게 어떨 땐 호구같이 느껴져."

갑자기 머리가 싸해지면서 심장이 쿵 내려앉았어. 이걸 어 떡하지? 난 뒷담화가 아니라고 생각했는데 그게 아니었나 봐. 다시 B한테 문자로 급하게 변명하기 시작했어.

"너희 뒷담화를 한 게 아니고 그냥 수다 떤 거야. 별 의미 없 어. 그냥 잊어버려 줘."

- 그렇게 동네방네 욕하고 다니면서 별 의미가 없다는 게 말이나 돼?

"혹시 K가 말했어? 너희가 K를 어떻게 알아?"

- K가 D랑 유치원 때 친구야. 네가 뒷말하고 다니면 우리가 모를 줄 알았어? 너 오늘부터 끝이야. 이제 손절이야!

그렇게 문자는 끝이 났어. 나도 더 이상 아무 말도 할 수가 없었지. 세상이 무너지고 암담하다는 말이 바로 이런 뜻이구나! 나 어떡하지.

'아마 학교 전체에 소문이 났을 거야. 모든 아이가 나를 손절하고 나는 나락 갔을 테니까. 이제 아무도 나랑 말도 안 할 텐데 학교에 어떻게 가지? 안 가고 싶어. 절대 안 갈 거야. 이대로 그냥 세상이 끝장나면 좋겠어. 정말이지 세상에서 사라지고 싶다.'

밤새워 고민하다 너무 괴로워 아무 생각 안 하려고 게임 유튜브를 보기 시작했어. 그러다 새벽 4시가 넘어서야 잠이 들었지. 아침에 학교 가라고 깨우는 엄마에게 온갖 짜증을 내고 학교 안 간다고 소리쳤어. 엄마는 내가 갑자기 학교를 가지 않겠다고 하니 놀라서 "왜 그래 무슨 일이야? 싸웠어? 따돌림당했어? 도대체 왜 안 가겠다는 거야!?" 하며 소리 지르고, 나를 때리고, 울기까지 하셨지. 갑자기 세상이 지옥이 되어 버렸어.

결국 난 학교에 가지 않고 종일 방에 틀어박혀 침대에 누워 있었어. 온갖 생각이 들었어. 제일 처음엔 화가 나고 원망스러웠어.

'도대체 내가 뭘 잘못했지? 친하게 지내더라도 친구의 모든 점을 좋아하지 않을 수 있잖아. 그리고 다른 친구에게 지금 친구의 장단점을 말하는 게 뭐가 그렇게 잘못이야? 걔들은 다른 애들한테 나에 대해 말 안 할까?'

'친한 친구라면 내가 실수한 거 지적하고, 그냥 그러지 말라고 말로 하면 되잖아. 한 번 실수에 이렇게 손절하고 나를 나락에 떨어지게 만드는 애들이 무슨 친구야? 게다가 K는 어떻게 비겁하게 내가 한 말을 고스란히 다른 애한테 말할 수가 있지? 나랑 친하다고 본인 입으로 말하고 다녔으면서 어떻게 그런 고자질을 할 수가 있냐고!'

이렇게 생각하니 화가 치밀고 용서할 수 없다는 마음이 들기 시작해. 한참을 속으로 욕했지만, 마음이 풀리지 않았어. 그런데 그러다 갑자기 겁이 났어. 죽고 싶은 생각도 들기 시작했어. 나 어떡하지!

이 이야기를 읽고 어떤 생각이 드니?

1. 기우는 어떤 실수와 잘못을 했을까?

2. 기우의 말은 과연 뒷담화일까, 아닐까?

3. 기우의 생각이 너무 극단적으로 흐르는 것 같지 않니?

내가 뭘 잘못했지?

친구 관계에 문제가 생긴 기우의 사연을 들어 보았어. 어떤 생각이 드니? 이제 기우는 어떻게 될까? 아니, 어떻게 해야 할까? 생각이 극단적으로 치닫기 시작한 기우가 이 문제를 헤쳐 나갈 수 있을까?

참, K가 D의 유치원 친구였다는 사실은 정말 기우가 운이 나빴던 거야. 사실 기우는 전혀 모르는 사이일 거라 여겼기에 별생각 없이 말할 수 있었으니까. 그런데 K 입장에서는 D와도 어릴 적부터 친구였기 때문에 왠지 기우가 안 좋게 느껴졌어. 친하다고 하면서 뒤에서 다른 소리를 하니까 말이야. 그래서 K는 기우가 D를 호구라 표현한 걸 말해 줘야 할 것 같아 바로 D에게 문자했고, 평소 순하던 D는 자기를 호구로 생각한다는 말에 분노해 B와 C에게 이 모든 사실을 전달했지. 그러면서 이 사달이 난 거야.

너는 기우 이야기를 읽으며 누구 입장에 공감했니? 기우가 안타깝고 이해되니? 아니면 B, C, D의 입장이 이해되니? 만약 어느 한쪽의 마음에 더 공감이 간다면 혹시 너도 비슷한 경험을 한 건 아닌지 생각해 보면 좋겠어.

　그런데 여기서 중요한 점이 있어. 더 마음이 가는 쪽의 편을 들어 생각하다 보면 점점 더 상대가 몹쓸 놈으로 여겨질 거라는 사실이야. 이렇게 한쪽을 나와 똑같이 여기면서 감정이 지나치게 커지면 좀 위험해. 왜냐하면 진짜 내 일이 아닌데도 마치 내가 겪은 것처럼 분노와 원망이 커져서 다른 건 잘 보이지도 들리지도 않게 되거든. 특히 사춘기에 이렇게 감정에 쉽게 휩쓸리는 중요한 이유가 있어. 바로 성호르몬의 변화와 두뇌 발달의 불균형이야.

왜 사춘기에는 감정 기복이 심해질까?

1. 성호르몬의 분비가 왕성해지기 때문이다. 성호르몬은 두뇌의 측두엽에 있는 아몬드 모양의 편도체를 자극한다. 편도체가 자극되면 이유 없이 분노, 불안, 공포 등의 감정이 치솟는다.

2. 두뇌 발달의 불균형 현상 때문이다. 사춘기에는 감정에 반응하는 편도체는 빠르게 활성화되는 반면, 감정과 공격성을 조절하고 상황을 판단하고 계획과 전략을 세우는 전전두엽의 발달은 더디게 일어난다.

순간순간 느끼는 감정을 조절하지 못하고 아침저녁으로 들쑥날쑥 널뛰며 변화가 심해지기도 해. 감정이 어느 한쪽으로 치우치면 이성적으로 판단하기 어려워. 그래서 수업 시간에 집중하지 못하고, 사소한 일에 공연히 더 짜증이 나기도 하지. 할 일이 손에 잡히지 않아 숙제도 제대로 하지 못해 여기저기서 혼나고 싸우게 되는 상황도 벌어지지.

그렇다면 어떻게 해야 할까? 너무 감정 가는 대로 치우치지 말고 조금 색다른 관점으로, 좀 더 전체를 보면서 '심판' 역할이 되어 생각해 보자.

이 이야기에서 우리는 어떤 생각을 해야 할까? 기우 입장에 서서 친구들을 원망해야 할까? 아니면 B와 C, D 입장에서 기우와 절교해야 할까? 아니면 정의의 사도처럼 나서서 친구가 속을 털어놓은 말을 잽싸게 옮긴 K가 바르게 행동했다고 주장해야 할까? 어느 쪽이 더 옳은지 헷갈린다면 이럴 때 먼저 생각해 봐야 할 중요한 질문이 있어.

① 기우가 K에게 말한 건 뒷담화일까 아닐까?
② 기우는 B, C, D가 손절이라고 말했을 뿐인데 왜 나락 갔다고 생각했을까?

뒷담화 아니었다고!

우선 첫 번째 질문에 관해 이야기해 보자. 뒷담화라고 생각한다면 그 이유는 무엇이니? 아니라고 생각한다면 그 이유는 뭐야? 뒷담화란 남을 헐뜯는 행위나 말을 뜻하잖아. 먼저 기우가 친구를 헐뜯었다고 볼 수 있는지 생각해 봐야 할 것 같아.

그런데 뒷담화인지 아닌지에 대한 판단이 사람마다 다를 수 있으니까. 정답을 확실하게 말하긴 어려워. 다만 이럴 때 중요한 사실이 있지. 다른 아이들이 뒷담화라고 느꼈다는 점이야. 만약 내가 일부러 친구 발을 걸지 않았지만, 친구가 내 발에 걸려 넘어졌다고 하자. 그럴 때는 일단 사과부터 하잖아. 그것과 마찬가지야. 그러니 어쩌면 이런 말부터 해야 하는 게 아닐까?

"그렇게 느꼈다면 정말 미안해. 너희들 없는 데서 말해서 더 미안해. 뒷담화나 흉본 게 아니었어. 진짜 내가 말하고 싶었던 건 나를 포함해 모두 장단점이 있지만 친해서 너무 좋다는 이야기였어."

기우는 사과하며 자기의 진심을 조금 더 강하게 전해야 했어. 뒷담화라고 느꼈는데 뒷담화 안 했다는 주장만 하면 전혀 설득력이 없으니까.

그런데 궁금한 게 있어. 기우가 K에게 이런 말을 한 심리적 이유가 무엇일까? 사실 이 부분이 중요해. 어쨌든 친구들이 없는 데서 말했으니 뒷담화라고 한다면, 사람들이 뒷담화하는 심리적 이유를 알아야겠지. 솔직히 다른 사람의 이야기를 아예 안 하는 사람은 없으니까. 그렇다면 왜 사람들은 모두 뒷담화를 하게 될까?

심리학 연구에 따르면 뒷담화에도 이로운 점이 세 가지나 있다고 해. 첫째, 다른 사람에 대한 부정적 이야기를 나누면 긍정적 이야기를 했을 때보다 서로를 더 가깝게 느낀대. 이야기 나눈 사람들끼리 결속력이 강해진다는 거지. 둘째, 다른 사람의 이야기를 교훈 삼아 자기 행동을 되돌아보고 반성할 수 있대. 지금까지 몰랐던 내 행동의 의미를 깨닫게 되는 거야. 셋째, 집단에서 소외되지 않기 위해서 뒷담화를 통해 알게 된 사회적 규범에 맞게 행동을 고치는 자극제가 된대. 새로 알게 된 사실을 바탕으로 실제 자기 행동을 변화시키는 거지.

어때? 뒷담화가 나쁘기만 하지 않다는 사실이 놀랍지 않니? 뒤에서 말하지 않는 사람은 진짜 없다고 해. 발달심리학자 마이클 토마셀로Michael Tomasello와 동료의 연구에 따르면 사람은 만 3세 정도부터 이미 다른 사람을 평가하기 시작한다고 하니 말이야. 그러니 '뒷담화를 했다, 안 했다'는 사실보다 중요한 건 그 내용이야. 내용을 찬찬히 살펴보고 진짜 헐뜯고 비난한 건지 아닌지 구분해야 하는 거지.

특히 사춘기는 다양한 상황에 적절한 행동의 기준이 되는 사회적 규범을 배워 가는 시기야. 뒷담화를 통해 친구들과의 관계에서 잘 몰랐던 규칙을 배우고 잘못된 점을 고칠 수 있기도 해. 그리고 이 모든 게 인간의 본능적인 행위라는 점을 기억하고 조금은 너그러운 마음을 가지는 것도 좋을 것 같아.

사회적 규범이란?

'이럴 땐 이렇게 해야 한다'라는 친구 관계에서 지켜야 할 예의, 규칙, 도덕적 행동을 말한다.

특히 청소년기에 경험하는 또래 관계의 사회적 규범이 알게 모르게 모든 관계에 적용되므로 잘 발달시키는 것이 매우 중요하다.

솔직히 기우가 K에게 했던 말을 B, C, D와 함께 있을 때 말했어도 지금처럼 문제가 되었을까? 이렇게 말이야.

B에게: 너 또 흥분해서 목소리 커져. 워워, 진정해!

C에게: 잠깐, 네가 하고 싶은 대로만 하지 말고 딴 애들 말도 좀 들어 봐.

D에게: 그냥 다 좋다고 하지 말고 네 생각을 말해. 사람들이 널 호구로 보면 어떡해!

이런 말을 친구들이 있는 자리에서 했다면 어땠을까? 어쩌면 서로를 위하고, 단점을 고치라고 말해 주는 모습이 오히려 좋게 느껴질 수도 있지 않을까? 똑같은 말을 언제 누구에게 하느냐에 따라 이렇게 다른 사건이 되어 버린다는 게 정말 안타까워. 기우에게 사회적 기술이 더 있었다면 좋았을 텐데.

어쨌든 친구들 입장에서는 친하게 지내던 아이가 다른 데 가서 뒷담화했다는 소리를 들으면 배신감을 느낄 거야. 뒷담화는 친구 관계에서 심각한 문제를 일으킬 수 있으니 뒷담화에 대해 이렇게 생각해 보면 좋겠어.

'뒷담화에는 나름대로 장점도 있고 안 하기는 어려우니 누가 나에 대해 뒷담화했다면 조금 너그럽게 생각하자. 그래도

문제가 생기는 경우가 많으니 가능하면 나는 뒷담화를 안 하는 게 좋아.'

그럼 친구들과 모여서 무슨 말을 하면 좋을까? 역사학자 헨리 토마스 버클Henry Thomas Buckle은 이런 말을 했어. 참고해서 나와 친구 모두를 큰 사람으로 성장시키는 대화를 나누면 어떨까?

위대한 사람들은 아이디어를 토론하고,
평범한 사람들은 사건을 토론하고,
소인배들은 사람에 대해 이야기한다.

왜 이렇게 극단적으로 생각하게 될까?

두 번째 질문 기억나니? 기우는 친구들이 '손절'이라고 말했을 뿐인데 왜 '나락' 갔다고 생각했을까? 분명히 손절과 나락은 다르잖아.

물론 지금 상황에서 오해가 풀리지 않으면 손절당할 수 있겠지. 반대로 오해를 풀기 위해 좀 더 적극적으로 해명하고,

사과한 뒤에 다시 관계가 회복될 수도 있어. 혹시 그게 안 되면 이제 K나 B, C, D와는 멀어지겠지. 그렇다고 상황이 최악으로 치달았다고 보기는 어렵잖아. 다른 친구를 새롭게 사귀어도 되고, 시간이 지나면 그 아이들이 마음이 풀려 다시 편한 사이가 될 수도 있으니 말이야. 그런데도 기우는 곧바로 끝장났다고 생각했어. 다음 날 학교를 갈 수도 없었고, 심지어 세상에서 사라지고 싶다는 충동적인 마음마저 들었지. 기우가 그렇게까지 극단적으로 생각하는 심리적 이유가 있어. 바로 '인지 왜곡' 현상이야. 너도 혹시 이런 적 있었니?

친구가 그냥 쳐다봤는데 째려봤다고 느낀 적

몇 명이 모여서 이야기하다 웃었는데, 날 놀리고 비웃는 것 같았던 적

누군가 기지개를 켜는데 날 때리는 걸로 오해한 적

어때? 물론 진짜로 그랬을 수도 있지만, 내가 너무 예민해서 오해하는 경우도 무척 많아. 상황을 있는 그대로 보는 게 아니라 다르게 해석해서 받아들이거나, '원래 날 좋아하는 사람은 아무도 없어' 같은 잘못된 개념으로 이끄는 생각이 바로 인지 왜곡 현상이야.

만약 그런 경험이 있다면 요즘 지나치게 스트레스를 받지는 않았는지 돌아보자. 마음이 힘들면 사소한 일에도 쉽게 화가 나고 까칠해질 수밖에 없지. 그럴 때는 좀 쉬는 게 좋아. 만약 학원과 숙제로 숨 막힌다면 부모님과 의논해서 조정하는 게 중요해. 그리고 분명히 알고 있어야 하는 사실은 내 마음을 내가 지켜야 한다는 거야. 그러니 우리 마음에 이런 현상이 일어날 수 있다는 사실을 안다는 건 너무 중요해. 알아야 지킬 수 있으니 말이야.

이제 기우의 사례를 통해 인지 왜곡 현상에 대해 좀 더 알아보자. 지금 기우의 마음에는 세 가지 인지 왜곡 현상이 나타나고 있어.

첫째, 독심술 오류야. 독심술이 뭔지 알지? 말로 하지 않았는데도 상대방의 마음을 읽을 수 있다고 생각하는 거지. '독심술 오류'는 다른 사람이 부정적인 반응을 보일 거라 결론 내리고, 이를 확인해 볼 생각도 안 하는 현상을 말해. 이런 상황에서는 친구에게 열심히 사과와 설명을 해야 하고, 대화를 통해 친구의 마음을 알아보는 과정이 필요하잖아. 그런데 알아보지도 않고 친구 마음을 다 안다고 생각하는 거지.

예를 들어 이성 친구가 내 문자를 보지 않거나, 보고도 답장하지 않았다고 해 보자. 이때 사정을 알아보지도 않고 '이제 나랑 헤어지려고 하는구나'라고 결론을 내리고는 이별을 준비하는 경우도 마찬가지야. 기우도 독심술 오류에 빠져서 알아보고 확인하려는 생각조차 못 하고 모두가 자신을 부정적으로 생각하고 있다는 두려움에 세상에서 사라지고 싶은 마음만 드는 거야.

둘째, '점쟁이 오류'야. 사정이 더욱 나빠질 거라 예상할 뿐 아니라 더 이상 변하지 않는 확고한 사실이 되었다고 믿는 것을 말해. 친구들이 손절이라 말했으니 나쁜 소문을 퍼뜨려 내가 나락으로 가게 할 거라고 믿어 버리는 거야. 마치 점쟁이처럼 앞으로 일어날 일을 마음대로 상상하는 거지.

독심술 오류와 점쟁이 오류, 이 두 가지를 자의적 추론이라고 해. 둘 다 자기 멋대로 추론하고 결론을 내리는 사고방식이지. 예를 들어 같이 쇼핑가기로 했던 친구가 못 간다고 했을 때 그 이유를 알아보지도 않고 자신을 싫어한다고 결론을 내리는 상황도 비슷해. 자의적 추론의 안 좋은 점은 비극적 결말이나 최악의 시나리오를 생각한다는 점이야.

그렇다면 기우의 사례를 다시 추론해 보자. B, C, D가 어떤 아이들이라 생각되니? 기우가 묘사하는 세 친구의 특성을 생각해 봐. 기우에 대해 없는 소문을 만들어서 복수할 것 같아? 혹은 악의적으로 사건을 과장해서 모두가 기우와 절교하고 진짜로 바닥에 떨어지게 할 것 같아? 지금 아이들은 뒷담화한 것에 분노를 표현하는 방식으로 손절이라 말한 것뿐이잖아. 기우에게 당장은 관계를 끊자고 말했지만, 악의적인 소문으로 모두가 기우를 따돌리게 만들 거라는 증거는 찾기 어렵지 않니? 그런데 기우는 이런 최소한의 생각도 하지 못한 채 극단으로 치닫고 있어.

셋째, 기우의 마음에는 '파국화'라는 현상도 나타나고 있어. 자신이 처한 사건에 대해서만 생각하며 지나치게 과장하고 두려워하는 것을 말해. 기우는 지금 다른 건 아무 생각도 못 하고 있어. 학교를 안 가면 사실 손절당한 것보다 더 큰 문제가 생길 수 있는데도 말이야. 어쩌면 학교에 안 갔을 때 기우가 들통이 나서 학교에 못 오는 거라고 생각할 수도 있잖아. 친구들의 오해가 더 굳어질 수도 있고 말이야.

이렇게 파국화 현상을 보이는 사람은 일상생활에서도 안

좋은 것만 보고, 그러다 보니 상황을 더 어렵게 만드는 경향이 무척 강해. 예를 들어 시험이 일주일 남았는데 공부를 많이 못 했다면 이렇게 생각하는 거야.

'다른 아이들은 한 달 전부터 시작해서 너무 많이 공부했을 것 같고, 나는 지금까지 공부를 안 했으니 나머지 일주일 동안 공부해 봤자 아무 소용없겠지.'

바로 이런 방식이 '이생망(이번 생은 망했다)'이라고 생각하는 현상이기도 해. 하지만 생각해 봐. 초등학교 저학년 시절에도 아픔과 상처와 걱정과 불안, 두려움이 있었을 텐데, 지금은 기억도 잘 나지 않지? 기억이 나도 그때만큼 속상하진 않잖아. 그런데도 지금 내가 겪는 실수와 실패, 외로움과 슬픔, 미래에 대한 걱정과 불안으로 앞으로의 시간이 모두 암담한 불행의 연속일 거라 생각하는 게 바로 파국화 현상이지.

이제 기우의 인지 왜곡 현상을 객관적으로 정리해 보자. '손절'이라 했는데 '나락'을 떠올렸고 그걸 확신하며 차라리 '세상이 끝났으면 좋겠다'고 생각했어. 자의적 추론인 독심술 오류와 점쟁이 오류를 확실하게 보여 주고 있어. 게다가 사건을 극대화해서 부정적 결론만 과장되게 상상하는 파국화 현상도 매우 강하게 나타나고 있어.

마음속이 이런 감정과 불안한 생각으로 가득 찬다면 그다음에 무슨 일이 벌어질지 짐작하는 건 어렵지 않아. 아마도 학교 가는 것조차 두려워 안 가겠다고 버티다 부모님과 크게 부딪치고, 화를 폭발하다 서로 큰 상처를 받기도 할 거야.

혹시라도 기우 같은 마음의 현상을 경험한 적이 있니? 그렇다면 이런 심리 현상의 정체를 잘 알고 지혜롭게 나를 지키는 방법을 알아야 해. 제대로 알아야 거기서 벗어날 수 있다는 사실이 중요해. 앞에서도 말했지만, 사춘기가 되면 호르몬의 변화로 더 부정적 감정에 휩싸일 수 있고 그래서 극단적인 생각을 할 위험이 있으니 말이야.

이제 기우 마음속에 일어난 현상은 이해했을 거야. 그렇다면 기우에게 무슨 말을 해주면 좋을까? 기우는 자신에게 스스로 뭐라고 말해 주어야 할까? 이렇게 불안할 때 가장 먼저 해야 할 일은 심호흡을 해서 마음을 가라앉히는 거야. 천천히 깊게 들이마셔. 배가 불룩해져야 해. 그런 다음 숨을 천천히 내뱉어. 이때 날숨은 들숨의 1.5배 정도로 느리고 가늘게

천천히 내뱉는 거야.

심호흡을 했으면 다음 문장을 따라서 말해 봐. 불안하고 안 좋은 일이 생길 것 같을 때마다 혼잣말로 해 보면 신기하게 마음이 가라앉는 경험을 할 수 있을 거야.

  – 어떻게 사과하면 친구들 마음을 풀 수 있을까?
  – 앞으로 조심해야 할 부분을 알았으니 좋은 경험으로 생각하자
  – 당분간은 사이가 멀어질 거야. 사과해도 마음 풀리는 데 시간이 걸리는 건 당연해
  – 일단 묵묵히 지내다 보면 다시 친해질 기회가 올 거야

친구 심리를 알면
진짜 친구가 될 수 있어

"친구들이 왜 저를 안 좋아할까요? 친구들은 어떤 아이를 좋아할까요?"

예비 중학교 1학년 아이가 찾아와 우울한 표정으로 이렇게 물은 적 있어. 그래서 다음 상황에서 어떤 친구가 마음에 드는지 질문했어.

첫 번째 상황. 자습 시간, 한 아이가 교실로 들어오자마자 소리쳤어. "야! 어떤 새끼가 내 욕하고 다녔어?" 그랬더니 한 아이가 걔한테 이렇게 말했어.

①"아! 짜증 나! 왜 소리 지르고 난리야! 미친 거 아냐?"

②"어? 무슨 일이야? 누가 네 뒷담화를 하고 다녔어?"

두 번째 상황. 뒤에 앉은 아이가 자꾸 볼펜으로 의자를 쳐서 신경에 거슬려. 그래서 "야! 좀 치지 말라고!" 하고 말했어. 이때 뒤에 앉은 아이가 말했어.

① "내가 언제!? 네가 먼저 의자를 흔들고 뒤로 밀었잖아!"

② "아, 그래? 미안. 조심할게."

두 가지 상황에서 ①처럼 말하는 아이를 보면 어떤 마음이 드니? 내 일이 아니어도 기분 나쁘지 않니? 거칠고 예의가 없는 것 같아 친구로 사귀고 싶은 마음도 생기지 않을 거야. 당연히 평정심을 잘 유지하고, 화난 친구를 진정시킬 줄 알며, 자기의 실수로 친구가 짜증 내도 덤덤히 사과할 줄 아는 아이, ② 같은 친구라면 가까이 어울려도 괜찮을 것 같은 마음이 들 거야.

결국 아이들이 어떤 특성을 가진 친구를 좋아하는지는 우리 모두 알고 있어. 그래도 좀 더 자세히 알고 싶니? 그럴 땐 내 마음을 잘 들여다보는 것이 중요해. 내가 바라는 친구의 특성이 대부분의 아이가 좋아하는 것과 같거든. 즉, 내 마음을 잘 살펴보는 것이 정답을 찾아가는 방법이야. 그러면 내가 원하는 좋은 친구를 얻기 위해 친구와 '잘' 말하는 법을 생각해 보자.

이제 내 마음속에서 길을 찾아보자

1. 난 어떤 친구를 갖고 싶지?

2. 나 자신은 그런 모습을 몇 가지 가지고 있을까?

3. 말 걸기와 대답하기를 잘하려면 뭐라고 말해야 할까?

너의 매력을 솔직하게 보여 줘

100명이 넘는 사춘기 아이들에게 어떤 친구가 마음에 드는지 질문했어. 다음은 그중 공통으로 나온 내용이야.

- 착하고 친절한 친구
- 앞에서는 친한 척하고 뒤에서 험담하지 않는 친구
- 이간질하지 않는 친구
- 내 의견을 존중해 주고 배려하는 친구
- 나랑 성격이 잘 맞는 친구
- 말이 통하는 친구
- 의견이 잘 맞는 친구

어때? 공통점이 느껴지니? 아이들 대부분이 좋은 친구라 생각하는 기준은 바로 좋은 인성과 나와 잘 맞는 성격이야. 친구들끼리 이야기하다 "쟤 인성에 문제 있어. 쟤는 성격이 이상해." 같은 말을 들어 보기도 했을 거야. 어쩌면 너도 해봤을 거고. 그렇지 않니? 이렇게 생각하지도 못하고 알지도 못하는 사이에 우리는 어떤 아이들을 친구로 사귀고 싶어 하는지 말하고 있었어.

그렇다고 모든 조건을 맞추기는 쉽지 않아. 사실 완벽한 사람은 없고, 누구나 친구 관계에서 실수하고 자기도 모르게 뒷담화하기도 하니 말이야.

그래서 좋은 친구가 되고 싶다면, 우선 나다운 모습이 무엇인지 생각해 보는 게 좋아. 만약 의리 있고 뒷담화도 절대 안 하지만, 무뚝뚝할 수 있어. 그럼 나쁜 친구일까? 그렇지 않아. 그러니 생각을 정리해 보자.

- 친절한 게 좋지만, 무뚝뚝하다고 나쁜 건 아니야
- 친구를 배려하는 마음을 말로 표현하기 어려우면 행동으로 하면 돼
- 착한데 재미가 없을 수도 있어. 그렇다고 친구들이 싫어하진 않아
- 친구 의견을 존중하는 건 좋지만, 무조건 받아 주는 건 오히려 싫어해
- 다른 친구와 똑같을 필요 없어. 나답게 개성 있는 모습이 더 좋아
- 친구가 없어도 '나는 나와 함께 많은 걸 할 수 있다'고 생각해 봐

이렇게 생각해 보니 어떤 마음이 드니? 아이들은 모두 성격 좋은 친구를 좋아해. 성격 유형 검사 결과가 중요하지는 않아. 외향형이든 내향형이든, 감정형이든 사고형이든 관계없이 성격이 좋을 수 있어. 그리고 성격이 달라도 서로 잘 맞을 수 있어.

친구에게 맞추기 위해 내 개성을 죽이지 않아도 돼. 나다운 모습을 건강하게 잘 살리면 충분히 좋은 친구이자 아이들이 어울리고 싶어 하는 사람이 될 거야. 게다가 사춘기, 청소년기는 자신의 개성을 키워 가는 시기야. 이미 완성된 단계가 아니라는 사실이 중요해. 지금은 내 안의 장점과 단점 중에서 장점을 잘 키워 가는 과정이라는 사실을 잊지 마.

다만 모두가 싫어하는 유형이 있는 건 분명해. 친구 관계에 문제가 생기기 쉽거나 아이 대부분이 싫어하는 사람에게는 분명한 특성이 있어. 그럼 아이들이 싫어하는 친구의 다섯 가지 유형을 살펴보자.

첫 번째는 뭐든 자기 뜻대로 하고 이기적인 유형이야. 착한 아이들을 조종하여 자신이 원하는 바를 얻는 친구지. 이런 유형은 다른 사람에게 맞춰 줄 생각은 하지 않고, 결국 자기 뜻대로 해. 따돌림을 은근히 주동하기도 해. 주변에 따르는 아이가 많을 수는 있지만 친구를 배려하는 건 아니어서 결국 미움을 받게 되지.

두 번째는 짜증을 잘 내고 까칠하며 상대를 공격하는 유형이야. 이 아이들은 자기 기분에 따라 행동해. 평소에 가만히 있다가 갑자기 기분이 나빠지면 주변 아이들에게 피해를 주지. 자기 기분이 좋지 않다는 이유로 예민하고 까칠하게 굴어 친구를 불편하게 하는 거야. 때로는 소리치고 성질을 내서 공포 분위기를 만들어. 다른 아이들이 조심하게 만들어서 자기가 원하는 바를 얻는 친구야.

세 번째는 입이 싸고 앞뒤가 다른 유형이야. 남 얘기 좋아하는 아이, 별생각 없이 마구 떠들고 다니는 아이를 말해. 내 앞에선 친한 척하더라도 뒤에서 다른 아이 만나면 무슨 말을 할지 모르겠는 친구지. 또는 강한 자에겐 약하고, 약한 친구에게 함부로 하는 유형이기도 해.

네 번째는 다른 사람을 질투하고 자기 자랑하기를 좋아하는 유형이야. 이런 친구는 누군가 칭찬받거나 상을 받으면 험담을 시작하지. 친구의 단점을 말하면서 자기 자랑을 하거나 은근히 따돌림을 주도하기도 해.

다섯 번째는 혼자 우울하고 심각한 유형이야. 말을 걸어도 대답이 없고 공연히 분위기를 무겁게 만드는 아이를 말해. 이런 친구와는 왠지 같이 있고 싶지 않고, 혹시 같이 어울려도 재미가 없어서 다음에는 부르고 싶지 않아져.

그 외에도 사춘기 아이들이 유난히 싫다고 말한 유형이 더 있어. 지저분하고 자기를 돌보지 않는 유형이야. 머리도 안 감은 것 같고, 땀 냄새가 잘 나고, 주변이 지저분한 경우지.

혹시라도 나에게 이런 모습이 없는지 살펴보자. 만약 있다면 '변화의 결심'을 하는 멋진 모습을 보여 주길 바라. 친구들과 잘 지내고 즐겁게 지내면 자기 할 일도 좀 더 잘해 보고 싶은 의욕이 생기니 말이야. 너는 어떤 친구 같니? 스스로 나는 어떤 친구인지, 그리고 어떤 유형이 마음에 들거나 싫은지 한번 판단해 보길 바라.

친구를 끌어당기는 혼자 놀기의 마법

친구에게 말 걸기가 불편했던 적 있어? 친구가 말을 거는데 무슨 말을 해야 할지 망설인 적도 있니? 혹시 그런 적이 있다면 그 이유가 '내가 말을 잘하지 못해서'라고 생각하지는 않았니? 그런데 절대 그렇지 않아. 진짜 말을 못 하는 게 원인이라면 다음 질문을 곰곰이 생각해 봐. '내가 편안하게 생각하는 사람에게도 말하기가 어려운가?' 아마 그렇지 않을 거야. (만약 편안한 사람에게도 말하기가 어렵다면 그건 언어치료가 필요하다는 뜻이야. 치료받으면 되는 문제이니 걱정하지 않아도 돼.)

즉, 친구와 말하는 게 어렵다고 느껴지는 이유는 말하는 재주가 없어서가 아니야. 어쩌면 바로 앞에서 말한 인지 왜곡 현상들 때문일지도 몰라. 친구가 어떻게 말하든 농담이나 장난으로 받아들일 수 있고, 아니면 진짜 나를 싫어해서, 혹은 내가 잘못한 게 있어서 비난하는 걸로 받아들일 수도 있으니 말이야. 다음 상황에서 한번 생각해 보자.

쉬는 시간에 한 친구와 복도를 걸어가고 있었어. 그런데 갑자기 뒤에서 한 아이가 달려오더니 내 친구의 팔짱을 끼고 앞으로 달려가는 거야. 친구도 어리둥절해하면서 같이 끌려가듯 뛰는데 기분이 좋아 보여. 이럴 때 어떤 기분을 느끼고 어떤 생각이 드니?

① 무슨 일이 있나? 쟤가 친구한테 볼일이 있나 보네. 난 혼자 다녀와야겠다.

② 나만 빼놓고 둘만 가다니, 너무 기분 나빠. 내 친구를 데려간 애도 밉고, 날 혼자 두고 가 버린 친구에게도 너무 서운해.

이런 상황 이후에 친구를 만나면 무슨 말을 할 수 있을까? 딱 봐도 ①로 생각했을 때의 말과 ②로 생각했을 때의 말이 달리 나오겠지. 그보다 중요한 건 ①로 생각하면 말 걸기가 어렵지 않고 쉽게 대화를 이어갈 수 있어. 그런데 ②로 생각하면 인사조차도 망설여지고 공연히 나에 대해 안 좋은 이야기를 나눈 건 아닌지 걱정되면서 가슴이 답답해져.

그러니 내가 친구에게 말 걸기 어려운 건 말하기 능력 자체의 문제보다는 상대가 어떤 반응을 보일지에 대한 걱정 때문이야. 나 자신이 저런 상황에서 어떻게 생각하고, 어떤 감정을 느끼는지가 더 핵심 이유가 되는 거지.

말 걸기가 어려운 이유가 또 있어. 성격이 내향적일 경우야. 쉽게 생각하면 외향적인 사람은 말 걸기, 대답하기, 분위기 주도하기 모두 쉽게 잘할 수 있어. 반면 내향적인 사람은 말 붙이기도 어렵고, 대답도 작은 소리로 해서 답답한 느낌이 들기도 하지. 그런데 어떤 성향인가보다 더 중요한 건 얼마나 성숙한가야. 외향성과 내향성 모두 건강한 성격일 수도 있고 아닐 수도 있거든.

외향성과 내향성이란?

외향성은 주의와 에너지의 방향이 외부로 향하며 많은 사람과의 상호 작용을 즐긴다. 사교적이며 활동적이고 적극적이다. 경험한 다음에 이해하는 경향성이다.

내향성은 자기 내부에 집중하며 소수와의 깊이 있는 관계를 선호한다. 많은 사람과 어울리면 에너지가 소진된다. 조용하고 신중하며 이해한 다음에 경험하는 경향성이다.

외향적인 아이가 성숙하지 못하면 친구들의 마음을 고려하지 않고 제멋대로 분위기를 주도할 수 있어. 한마디로 '왜 저렇게 나대?'라는 느낌이 강해서 짜증 나는 성격이 될 수도 있다는 말이야. 반대로 내향적인 아이가 성숙하다면 여럿이 있을 땐 조용하지만, 한두 명과 있을 땐 말도 잘하고 자기주 장을 확실하게 표현해서 오히려 깊은 신뢰를 줄 수 있어. 내 이야기를 함부로 옮기거나 뒤에서 헐뜯는 말을 하지 않는 믿 음직한 친구로 인식될 수 있는 거지.

물론 내향적인 기질이라면 먼저 말을 거는 일을 조금 어렵 게 느끼기도 해. 하지만 대답을 잘하는 강점만 살려도 얼마든 지 친구와 친해질 수 있어. 대화를 나누기에 어려움이 없다는 뜻이야. 외향형은 분위기를 살리는 중요한 역할을 하지만 독 불장군이 된다면 친구들이 싫어하게 될 위험이 있어. 그러니 친구들의 의견을 물어보는 걸 잊지 말자. 그 정도의 사회적 기술만 있다면 뛰어난 리더가 될 수 있거든.

그러니 지금 내가 친구에게 말 걸기도 어렵고 뭐라 대답해 야 할지 모르겠다는 생각이 든다면 나의 마음을 점검해 보는 일이 우선이야. 물론 그런다고 해서 마음속의 부정적 생각과 불안이 바로 사라지지는 않아. 지금까지 자라 오는 동안 마음 속에 자리를 잡았기 때문에 완전히 사라지기까지는 시간이 좀 걸릴 거야. 그렇다면 어떻게 하면 좋을까? 가장 좋은 방법이 하나 있어.

바로 혼자 놀기의 고수가 되는 거지. 학교에서 할 수 있는 간단한 놀이에 몰입하는 거야. 무엇이든 혼자 할 수 있다는 건 매우 중요한 능력이야. 혼자 놀 줄 알아야 친구와 노는 능력도 발달할 수 있거든.

혼자 놀기가 중요한 이유가 또 있어. 혼자서도 무언가를 할 줄 아는 사람이 자존감 높고 당당하기 때문이고, 우리 모두 그런 사람과 친구가 되고 싶어 하기 때문이야. 혼자 놀기의 또 한 가지 중요한 기능인 끌어당김의 법칙이 나타나는 거지. 혼자 집중해서 놀고 있으면 친구들이 먼저 "뭐하나?"라고 물으며 다가오게 되는 거야.

그렇다면 학교에서 무얼 하며 혼자 놀 수 있을까? 그림을 그리거나 낙서를 해봐. 캐릭터 그림이면 친구들이 사족을 못 쓸 정도로 흥미를 보이지 않니? 다른 방법으로 혼자 놀고 싶다면 스도쿠나 미로 찾기를 가져가서 풀어 보는 건 어떨까? 혹시 머리 쓰는 퀴즈를 좋아한다면 초등학생용 멘사 퀴즈를 풀어 봐. 미리 연습해서 가져간 뒤 친구들에게 설명하면 모두 흥미를 보일 거야. 나도 재미있어 몰입하게 되고, 친구들도 한두 명씩 와서 관심을 보이게 되지.

또 다른 좋은 놀이는 바로 책 읽기와 글쓰기야. 어려운 책이 아니어도 괜찮아. 관심 있는 주제의 책을 꼭 가방에 넣고 다니기를 바라. 물론 스마트폰을 볼 수도 있지. 하지만 쇼츠나 릴스 같은 영상들은 남는 게 없이 그저 시간만 축내고 나의 주의력을 날치기해 가. 성장에 도움이 안 되는 경우가 대부분이지.

물론 편집이나 영상에 대한 전문성을 키우기 위해 자료를 찾고 분석하는 일이라면 환영이야. 하지만 이때도 꼭 필요한 과정이 있어. 영상을 보며 분석한 내용을 꼭 글로 써놓아야 한다는 사실이야. 지금 내가 생각하는 것을 다음에 잘 기억할 것 같지만, 절대 그렇지 않으니 말이야.

순간의 단기 기억이 장기 기억으로 자리 잡으려면 수없이 반복하는 과정이 필요해. 그런데 사람의 중요한 아이디어들은 순간 떠올랐다 사라지는 경우가 대부분이야. 그래서 어떤 영역에서든 성공한 사람들의 공통된 특징이 바로 순간의 아이디어를 기록하는 습관이라고 해. 이탈리아의 화가 · 건축가 · 조각가로 성공한 레오나르도 다빈치가 약 600년 전에 남긴 8,000여 장의 메모만 봐도 알 수 있지.

단기 기억과 장기 기억이란

단기 기억은 짧은 시간 동안 제한된 정보를 유지하는 기억 메커니즘이다. 장기 기억으로 넘어가지 않는 정보는 지워지며 정보가 30초 정도 유지된다고 알려져 있다.

장기 기억은 기억 정보가 뇌에 입력되어 매우 오랫동안 저장되는 기억이다. 일단 저장되면 없어지지 않고 계속 남아 있다고 알려져 있다.

물론 대화, 즉 말 걸기와 대답하기는 친구 관계를 시작하는 기본이지. 하지만 대화 기술이 부족하다 해도 얼마든지 방법이 있어. 내가 친구를 따라가는 것이 아니라, 친구가 나를 찾아오게 하는 것만큼 훌륭한 사회적 기술이 어디 있겠니?

교실 안에는 친구들의 인기를 한 몸에 받는 인싸('인사이더'라는 뜻으로, 각종 행사나 모임에 적극적으로 참여하면서 사람들과 잘 어울려 지내는 사람을 이르는 말)가 있을 거야. 그 친구의 매력을 분석해 봐. 일단 호감형이야. 잘생겼다기보다 표정이나 분위기가 밝고 여유 있다는 뜻이지. 그 친구는 무엇보다 다른 친구들의 말에 반응을 잘해. 누군가 한마디를 하면 친절하게 관심을 보이고, 물어보고. 친구들에게 대신 전달하기도 해. 그리고 가장 중요한 한 가지는 혼자 있어도 별로 심심하거나 외로워하지 않는다는 사실이야.

그러니 분명 그 아이는 인싸가 되기 시작한 즈음에 혼자서도 잘 놀았을 거야. 저절로 끌어당김의 법칙이 작동되었을 거고. 이에 더해 친구들에게 밝고 유쾌하고 친근감 있게 대답하고 말하는 기술 덕에 인싸가 되었을 거야.

지금까지 한 이야기를 정리해 볼까?
말 걸기와 대답하기가 어렵다면 먼저 내 마음속 부정적인 감정들을 진정시키고, 친구들의 반응을 걱정하기보다 혼자놀아 봐. 분명히 먼저 말을 걸어오는 친구가 있을 거야. 그 친구에게 부드러운 표정과 목소리로 친절하게 설명해 줘. 분명히 며칠 뒤 다시 너에게 관심을 보이게 될 테니까.

속 시원히
말하고 싶어!

    중학생 민성이는 초등학교 시절부터 공부도 성실히 하고 착하지만, 내향적이고 친구가 별로 없었어. 그래도 워낙 순하고 상냥해서 가끔은 친구들이 먼저 다가와 함께 어울리기도 했지. 늘 이야기를 듣는 편이었어. 말을 하기엔 조심스럽고 혹시 말을 잘못해서 친구들이 싫어할까 봐 걱정되기도 했거든. 그러니 친구들이 놀고 있으면 먼저 다가가 같이 놀자고 말하기도 어려웠어. 그렇게 말했다가 거절당하면 너무 창피할 것 같아 차라리 말을 안 하는 게 더 좋다는 생각을 하곤 했어.

그런데 초등학교 6학년 때 친해진 친구가 있었어. 그 친구가 먼저 적극적으로 다가와 말을 걸어 주었고, 하교 때는 집이 같은 방향이라 같이 가기도 했어. 정말 좋았지. 그런데 점차 그 아이는 민성이를 독점하려 했어. 민성이가 어쩌다 다른 친구와 함께 있으면 다가와서 끌고 가거나, 일부러 민성이에게 귓속말하며 다른 아이를 기분 나쁘게 해서 자리를 뜨게 만들었어. 민성이는 마음이 불편했지만, 그 친구에게 어떻게 말해야 할지 몰라 그저 참기만 했어.

민성이는 그 친구랑 친한 것도 좋지만 다른 아이들과도 어울리고 싶었고, 그 친구의 행동이 지나치다고 생각했지만 여전히 어떻게 말해야 할지 몰라서 제대로 거절도 못 하고 이끌려 가기만 했어. 자기 마음을 말하면 그 친구를 불편하게 하는 건 아닌지도 걱정이 되었어. 그저 이제 곧 초등학교를 졸업하니 다른 학교로 배정받기만을 고대하며 기다렸지.

그런데 안타깝게도 같은 중학교, 같은 반에 배정받았어. 이제 더 이상 참을 수만은 없다고 생각한 민성이는 여전히 자기를 독차지하려는 그 친구에게 뭔가 말해야 한다고 결심했어. 하지만 고민만 많아질 뿐 무슨 말을 어떻게 시작해야 할지 몰라

막막하기만 했어. 속 시원히 할 말을 잘하는 친구들이 부러웠지. 민성이는 왜 불편해도 말하지 못할까? 말을 제대로 할 수 있으려면 어떻게 해야 할까?

민성이 이야기에서 함께 생각해 보자

1. 민성이는 자신이 느끼는 불편함을 친구에게 어떻게 말해야 했을까?

2. 나는 어떤 사람이고 내 친구는 어떤 사람일까?

3. 나와 친구는 서로 어떤 욕구를 채우고 싶었을까?

좋은 친구에게 '말잘러'가 깃든다

진짜 말을 잘하고 싶니? 그렇다면 가장 먼저 성격 좋고 인성 좋은 친구가 되어 보자. 갑자기 다른 모습을 보이는 게 어색하고 불편하다면, 친구가 되고 싶은 아이에게만 그렇게 해 보면 돼. 그래야 친구들이 먼저 다가오기 때문이야. 그런데 친구들은 내가 좋은 사람이라는 걸 어떻게 알 수 있을까?

바로 '말'을 통해 알 수 있어. 친구가 나와 성격이 잘 맞는지, 나를 존중해 주는지, 뒷말이나 이간질을 하지 않는지, 착한지, 친절한지를 확인할 수 있는 가장 확실한 방법은 바로 '말'이야. 우리는 모두 상대가 하는 말로 어떤 사람인지 확인하고 있으니까. 마음이 잘 통한다는 의미도 결국 말이 통한다는 거잖아.

나를 있는 그대로 존중해 주고, 같이 즐겁게 수다 떨고 놀기도 하며, 때로는 혼자만의 시간도 인정해 주는 친구를 찾고 있니? 아니면 내가 그런 친구가 되고 싶니? 그런 친구라는 사실을 확인할 수 있는 방법, 혹은 내가 그런 친구임을 표현할 수 있는 것도 모두 말을 통해서 가능하지.

친구가 없어서 고민인 중학생 A와 대화를 나눈 적이 있어.

선생님: 아이들이 사귀고 싶어 하는 친구의 특징이 있는 것 같아. 태도와 말투, 말의 내용이 가장 큰 영향을 주지.

A: 그럼 난 성격이 나빠서, 원래 까탈스러워서 망한 거네요. 그래서 친구가 없네요. 네, 네. 저는 평생 친구 없이 이렇게 살다 죽겠죠.

딱 봐도 마음이 꼬여 버린 게 느껴지지? 이 친구는 왜 이렇게 됐을까? 친구의 말에서 그 이유를 찾아보려고 해.

일단 A는 자신을 잘못 알고 있는 것 같아. 까탈스럽다는 건 예민한 기질에서 시작된 성격이야. 기질은 타고난 것이고 성격은 자라면서 형성된 행동 양식이야. 그런데 예민함과 까탈스러움의 차이가 뭔지 아니? 사전에서는 이렇게 말하고 있어.

예민하다: 무엇인가를 느끼는 능력이나 분석하고 판단하는 능력이 빠르고 뛰어나다

까탈스럽다: 성미나 취향 따위가 원만하지 않고 별스러워 맞춰 주기에 어려운 데가 있다

타고난 기질인 예민함이 미성숙할 때 까탈스러운 성격을 갖게 되는 거야. 그렇다면 이 친구는 왜 친구를 까탈스럽게 대하는 걸까? 나를 이렇게 대하는 아이를 친구로 삼고 싶은 사람은 없잖아. 친구가 생기길 바란다면 주변 아이들에게 까탈스럽게 대해서 오히려 더 멀어지게 만드는 일은 하지 않아야 하는 거지.

이제 친구와 말을 잘하는 진짜 비법을 알려 줄게. 정말 말을 잘해서 친구들에게 인기 있는 아이들은 모든 친구가 좋아하는 단 하나의 행동을 할 줄 알아. 바로 다정하고 친절하게 말하는 거야. 너에게 다가오는 아이에게 이런 태도를 보이면 진짜 친구가 되는 게 어렵지 않아. 친절한 사람은 편안하기 때문에 마치 자석처럼 저절로 다가가게 되니까 말이야.

이렇게 자그마한 방법이 강력한 효과가 있어. 믿어지지 않니? 그렇다면 한번 생각해 보자. 만약 네게 진짜 친구가 있다면 그 친구를 만나서 안부 인사를 나눌 때, 함께 놀 때, 의견이 다를 때, 친구가 속상해할 때, 내가 속상할 때, 친구가 잘했을 때, 축하할 일이 있을 때, 오해가 생겼을 때, 문자를 주고받을 때 등 각각의 상황에서 어떻게 말할까?

만약 진짜 친구라면 무슨 말을 해야 할지 별로 고민하지 않을 거야. 내 진심이 상황에 맞는 부드러운 표현으로 나도 모르게 튀어나올 테니 말이야. 그 친구를 만나면 기분 좋게 웃으며 인사하고, 어제 어떻게 지냈는지, 왜 문자에 빨리 답장하지 않았는지, 오늘 숙제는 다 했는지, 학교 끝나고 놀 수 있는지 스스럼없이 물어보고 대답하며 대화를 나눌 거야. 그렇지 않니?

맞아, 말을 잘한다는 것은 친하고 편안한 친구를 대하듯 한다는 말이야. 진심으로 친구를 걱정하고 위해 주는 마음만 있다면, 말을 못한다고 생각하지 않고 대화할 수 있어. 결국 최고의 '말잘러'가 되기 위해 필요한 딱 한 가지 비법은 진짜 친구인 것처럼 말하는 거야.

심리학자들은 어떻게 알았는지 이런 방법에도 이름을 붙여 놓았어. 이게 바로 '마치 ~인 것처럼' 기법이야. 정신의학자인 알프레트 아들러Alfred Adler의 심리 상담 기법 중 하나야. 원하는 것이 있다면, 예를 들어 말을 잘하기를 바라거나 공부를 잘하기를 바란다면, 이미 그 바람이 이루어진 것처럼 말하고 행동하는 역할극 기법을 말해. 그 역할이 되어 직접 행동

함으로써 두려움을 이겨 내고 자신감을 갖게 되는 기술이야.

알프레트 아들러는 누구일까?

오스트리아의 정신과 의사다. 한 개인을 이해하기 위해서는 그를 둘러싼 사회적 맥락과 생활 방식, 열등감의 역할이 매우 크다고 강조하는 심리학인 개인 심리학을 창시했다.

결국 사람의 행동과 발달을 결정하는 건 열등감과 무력감을 보상하고 극복하려는 의지이며, 바람직한 생활양식을 바탕으로 우월성을 추구하는 것이 건강한 삶의 방식이라고 설명한다.

쑥스러울 수도 있지만 역할극의 주인공이 되어 이 방법을 실천해 보기를 바라. 딱 1분만 해도 좋아. 그리고 친구의 반응을 보는 거야. 내가 가까워지고 싶은 아이가 저기서 오고 있으면 마치 이미 친한 친구처럼 "○○아, 안녕?"이라고 말을 거는 거지. 처음엔 친구도 어리둥절하며 당황할지 몰라. 그럴 땐 그냥 미소 지으면서 지나가면 돼. 친구가 발표를 했다면 진짜 친한 친구처럼 부드러운 목소리로 말해 봐. "발표 잘하더라."

이 정도만 해도 충분해. 그다음엔 나비효과처럼 아주 서서히 무언가 바뀌기 시작할 거야. 그 친구가 나를 보는 눈빛이 부드러워지고, 나에게 인사를 할지 말지 살짝 망설이는 모습도 볼 수 있을 거야. 약간 짓궂은 아이라면 "야, 너 요새 뭐 잘못 먹었냐?"라고 묻겠지만, 그마저도 그리 기분 나쁜 목소리는 아닐 거야.

만약 민성이가 처음부터 그 친구에게 "다른 친구 앞에서는 귓속말 안 하면 좋겠어. 그럴 수 있지?"라거나 "다른 애랑 이야기하고 있을 땐 좀 기다려 줘"라는 말을 편하게 할 수 있었다면 불편함이 그리 커지지는 않았을 거야.

진짜 말잘러가 되기 위한 가장 기본은 내가 먼저 진짜 친구로 대하는 거야. 구체적인 말재주는 그 위에 약간의 양념만 뿌리는 역할이지. 설마 이런 게 효과가 있겠냐고? 효과가 있는지 없는지는 딱 일주일만 실천하고 나서 다시 점검해 봐. 해보지도 않고 안 될 거라는 생각이 먼저 드는 건 마음속 부정적 생각이 너무 강력하기 때문이니까. 부정적 생각을 해결하는 방법에 대해서는 뒤에서 설명할게. 진짜 말잘러가 되고 싶다면 '진짜 친구인 것처럼' 행동해야 한다는 점을 꼭 기억하길 바라.

나에게 맞는 찰떡 대화

말잘러가 되고 싶다면 진짜 친구가 되어야 한다고 했지? 그런데 진짜 친구일 때의 표현 방식도 사람마다 다른 것 아니? 친구가 속상한 일이 있을 때 어떤 친구는 "야, 같이 PC방이라도 가서 기분 풀자"라고 말하고, 또 다른 친구는 가만히 다가와 어깨를 다독여 주고 함께 있어 주기도 해. 어떤 쪽이 진짜 친구일까? 둘 다 괜찮다고? 맞아, 둘 다 좋아. 그런데 왜 이렇게 표현 방식이 다를까? 그건 바로 태어날 때부터 갖고 태어난 기질이 다르기 때문이야.

다음 상황에서 넌 어떻게 반응하니?

Q1. 엄마가 아이스크림을 사 오셨어. 그런데 색깔도 모양도 이상하고 기괴한 신제품이야. 그럴 때 넌 어떻게 반응하니?
 ① 신기하고 재미있을 것 같아서 먹는다.
 ② 이상해서 먹고 싶지 않다.
 ③ 엄마나 아빠, 동생이 먹는 걸 확인하고 나서 먹는다.

Q2. 친구들과 자주 만나던 곳에서 만나기로 했어. 늘 다니던

길이 있고, 가 보지 않은 길도 있어. 그럴 때 넌 어떻게 하니?

① 늘 다니던 대로만 다닌다.

② 가끔 새로운 길도 가 본다.

③ 친구가 새로운 길로 가길 원하면 따라간다.

어때? 아주 간단한 질문이지만, 여기에 반응하는 정도가 바로 타고난 기질에서 오는 거야. 정신의학자인 로버트 클로닝거C. Robert Cloninger 교수는 외부 환경에서 주어지는 자극에 반응하는 방식이 사람마다 선천적으로 다르며, 그 방식에 따라 네 가지 차원의 기질로 구분할 수 있다고 설명해.

첫 번째는 자극 추구 성향이야.

– 새로운 게 좋아? 익숙한 것이 좋아?

– 하던 방식으로 하는 것이 좋니? 새로운 방식으로 시도하는 것이 좋니?

– 원하는 게 있으면 당장 갖고 싶은 마음이 강한 편이니?

– 감정 기복이 심하거나 잠시도 가만히 있지 못하는 편이야?

자극 추구Novelty Seeking 성향은 새로움을 추구해. 새롭고 신기하게 느껴지는 자극에 본능적으로 끌리고 행동이 활성화되는 타고난 경향성을 말해. 이 특성이 강하면 말 그대로 새로운 자극에 대한 호기심으로 생각도 하기 전에 몸으로 반응하게 돼. 무엇이든 도전해 보고 직접 경험하며 시행착오를 통해 새로운 통찰을 얻을 수 있어. 훌륭한 강점이지. 낯선 사람을 두려워하지 않으니 친구를 쉽게 사귀고, 다른 사람도 잘 도와줘. 나서기 좋아하고 활동적인 성향이라 리더가 될 자질도 충분해.

그런데 그렇게 넘치는 호기심과 충동적 행동 때문에 어른들에게 "왜 이렇게 산만하니? 가만히 좀 있어!"라는 말을 자주 듣기도 해. 정해진 규칙을 쉽게 어기거나 지루하고 반복적인 일에 금방 싫증을 내는 경향이 있어. 아마도 산만하고 주의력과 인내심이 부족하다며 지적을 받고 혼날 가능성도 매우 높아. 지루하거나 재미없는 상황을 만나거나 좌절감을 느끼면 잘 견디지 못하고 화를 내거나 의욕을 잃을 수 있으니 조심해야 해.

두 번째는 위험 회피 성향이야.
- 또래 친구들보다 겁이 많고 수줍음을 잘 타는 편이니?
- 새로운 사람을 만나면 인사하기보다 가만히 지켜보는 게

더 익숙하니?

　– 새로운 장소에 가면 왠지 불편해 가만히 있는 편이니?

　– 낯선 것, 새로운 것을 시작하는 데 시간이 오래 걸리니?

　이 성향은 조금이라도 위험하거나 좋지 않다고 느끼면 본능적으로 행동이 위축되는 타고난 경향성이야. 위험 회피 Harm Avoidance 성향이 높은 사람은 새로운 사람, 새로운 자극, 낯선 것, 낯선 장소에 대해 쉽게 긴장하고 무서움을 느껴. 아주 사소한 일에도 걱정이 많아서 새로 만나는 선생님이나 친구들이 자신을 싫어하거나 혼을 낼 거라 짐작해서 적응하는 데 시간이 오래 걸리기도 해. 자신이 안전하다고 믿는 사람이나 장소, 혹은 익숙한 방법을 주로 선택하지. 그래서 특히 새 학년이 될 때 적응하기가 무척 어렵기도 해.

　대신 장점도 매우 많아. 우선 조심성이 많으니 위험한 일을 저지르지 않고, 정해진 규칙과 질서를 잘 지키고, 할 일을 매우 능숙하게 잘 해내지. 조금 단조로운 일이라 해도 쉽게 지루해하지 않고 몰입할 수 있어. 돌다리를 두들겨 보고 건너는 친구라서 자신뿐 아니라 다른 친구들에게도 조심하자고 얘기하기도 해. 그래서 믿음직한 친구로 인정받을 수 있어.

만약 내가 자극 추구 성향이 높다면 위험 회피 성향이 높은 친구 옆에 있는 것이 바람직해. 어디로 튈지 몰라 사고 칠 위험에서 나를 지켜 줄 수 있으니 말이야.

세 번째는 보상 의존 성향이야.

– 잘했다는 칭찬에 무척 즐거워하고 더 열심히 하게 되니?

– 잘못한 일도 부드럽게 격려받으면 다시 열심히 하려고 애를 쓰니?

– 여러 사람과 어울려 놀기를 좋아해?

– 친구의 표정에 민감하게 반응해?

보상 의존Reward Dependence 성향은 '사회적 민감성'이라고 불리기도 해. 사회적 보상 신호에 강하는 반응하는 유전적 경향성이야. 사회적 친밀감이라는 보상을 얻기 위해 행동하는 걸 의미해. 관심과 인정을 받고 싶은 욕구가 매우 강한 기질이야. 그래서 사회적 민감성이 높은 사람은 친구의 언어적ㆍ비언어적 반응에 매우 민감해. 다른 사람의 심리적 반응에 민감한 만큼 마음이 따뜻하고 감성이 풍부한 특성을 보이지. 친구들의 마음을 잘 헤아려 주니 좋은 친구 관계를 맺을 수 있고, 잘 위로해 주는 모습을 지녔어.

그런데 문제는 이 성향이 지나치게 높을 때야. 보상 의존 성향이 지나치면 다른 사람에게 의존하게 되고, 감정 변화가 너무 크게 일어나 자신도 혼란스러워 관계에서 피로감을 느낄수 있어. 다른 사람의 작은 신호에도 너무 민감하게 반응하게 되니까 상처받기도 매우 쉬워. 친구 마음을 신경 쓰느라 자기의 감정을 내보이지 않아서 스트레스가 쌓일 위험도 있고.

네 번째는 지속성 성향이야.
- 한번 시작한 활동이나 과제를 끝까지 하는 편이니?
- 인내력이 필요한 일을 잘하니?
- 어려움이 생겼을 때 완벽하게 해내려 노력하니?
- 질 것 같을 때도 포기하지 않고 계속해?

지속성Persistence 성향은 '인내력 기질'이라 부르기도 해. 이는 보상이 없어도 뭔가를 꾸준히 지속하려는 유전적 경향성을 말해. 방해 요인이 생겨도 하던 일을 끝까지 잘해 내고, 하기 싫어도 참고 해낼 수 있는 인내력을 가지고 태어났다는 의미야. 어릴 때부터 퍼즐, 블록 만들기, 미로찾기 등을 좋아했을 거야. 어려운 과제를 할 때 아마 틀려도 다시 하고 또 틀려도 다시 도전해서 끝까지 성공한 경우가 많을 거고. 그러니 이 기질이 강한 사람이 공부하기에는 정말 이로운 것 같아.

당연히 이 성향도 단점이 있어. 너무 과제에만 집착해서 삶의 다양한 즐거움이나 경험을 누리지 못하기도 해. 한마디로 일중독 같은 증상을 보일 수 있지. 자기 일에 집중하느라 친구 관계를 소홀히 하다 나중에 외로워지기도 해. 그러니 나에게 주어진 목표, 그리고 즐거운 경험과 휴식, 친구 관계 사이의 균형을 맞춰야 해.

어때? 너는 어떤 특성이 강하고 어떤 특성이 약하니? 기질은 타고난 성질이라서 잘 바뀌지 않으며 호르몬의 영향을 받아. 그러니 나의 기질을 바꾸려 하기보다는 단점을 보완해서 성숙해지는 게 중요해.

기질에 따라 친구에게 말하는 방법도 꽤 다르게 나타날 수밖에 없어. 자극 추구 성향이 강하면 뭐든 해보자고 할 거고, 위험 회피 성향이 강하면 하지 말자고 말하는 경우가 많겠지. 이렇게 친구들의 기질이 다르다는 사실만 알아도 서로 조절하고 의논하며 좋은 관계로 발전할 수 있어. 따라서 나와 친구의 기질을 파악하는 건 무척 중요한 일이야.

TCI 검사란?

TCI(Temperament and Character Inventory) 검사란 네 가지 차원의 기질을 알아보는 검사다. 타고난 기질을 바탕으로 성장 과정에서 형성된 성격까지 알아볼 수 있어 자신을 이해하는 데 큰 도움이 된다. 각 지역 청소년상담복지센터나 전문 심리상담기관을 통해 검사할 수 있다.

나를 움직이는 기본 욕구들

"만약 10억짜리 복권에 당첨된다면 그 돈으로 무엇을 하고 싶니? 세 가지만 떠올려 볼래?"

100명 이상의 사춘기 청소년들에게 이렇게 질문했더니, 참 많은 소망과 바람을 말했어.

- 좋은 집으로 이사 가서 가족들과 행복하게 지낸다
- 외제 차나 슈퍼 카를 산다

- 명품 운동화와 옷을 산다

- 학교를 그만두고 PC방 사장이 된다

- 족집게 과외 선생님을 구해 성적을 올린다

- 당장 세계 여행을 떠난다

- 우리 집 빚을 갚는다

- 엄마 호강시켜 드린다. 일 안 하고 좋은 집에서 편하게 지내게 한다

- 유학 간다

- 성형수술을 한다

넌 어때? 10억이 생긴다면 무엇을 하고 싶니? 왜 물어보냐고? 이 질문에 떠오른 나의 바람은 내가 어떤 사람인지 알려 주고 있거든.

앞에서 나온 소망을 살펴보면 몇 가지 욕구로 나눌 수 있어. 가족을 위한 욕구, 성적을 올리고 싶은 성취 욕구, 여행을 가거나 외국에서 좀 더 자유롭게 공부하고 싶은 욕구, 즐겁게 놀며 지내고 싶은 욕구야. 즉, 우리는 모두 돈을 좋아하지만 돈 자체가 목적이 아니야. 내가 바라는 것을 얻기 위해 돈이 필요한 것임을 알 수 있어. 여기에서 중요한 건 사람마다

중요하게 생각하는 기본 욕구가 다르다는 점이지.

미국의 정신과의사이자 현실치료기법을 처음으로 내세운 윌리엄 글래서William Glasser라는 사람이 있어. 그는 인간은 모두 자기 내면의 다섯 가지 기본 욕구를 충족시키기 위해 결정하고 선택한다고 강조해. 결국 우리의 모든 행동은 나에게 중요한 욕구를 충족하기 위한 것이라는 뜻이야.

현실치료기법이란?

자신이 현재 힘든 원인을 과거의 사건이나 주변 환경에서 찾지 않고, 자신이 선택하고 결정한 것에 책임지도록 격려하는 심리치료기법이다. 자신의 욕구를 충족하기 위하여 지금 현실에서 좋은 선택을 하여 행복을 늘려 가도록 도와준다.

윌리엄 글래서가 말하는 다섯 가지 기본 욕구를 알아볼게.

첫 번째는 생존의 욕구야. 생존의 욕구는 기본적인 생리적 욕구라서 모두가 오늘도 먹고 자고 쉬고 나의 안전을 지키려

애를 쓰지. 하지만 욕구를 느끼는 정도가 사람마다 달라. 위험한 걸 절대 하지 않는 사람도 있고, 약간의 위험을 무릅쓰고 도전하는 사람도 있다는 뜻이야. 나머지 네 가지 욕구를 심리적 욕구라고 해. 각각 사랑과 소속의 욕구, 힘과 성취의 욕구, 즐거움의 욕구, 자유의 욕구야. 심리적 욕구도 사람마다 타고난 욕구 강도가 달라. 사랑과 소속의 욕구가 강해서 친구 관계가 가장 중요한 사람이 있고, 또 최고가 되는 게 더 중요한 사람도 있고, 어떤 사람은 두세 가지 욕구가 동시에 강하기도 하지.

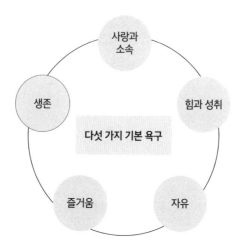

어떤 중학교 선생님이 이런 질문을 했어.

"공부 잘하고 성격도 좋아서 친구들에게 인기 있는 아이와 공부는 뒷전이고 친구들을 힘으로 눌러서 자기 말을 듣게 하는 아이 사이에는 심리적으로 어떤 차이가 있나요?"

두 아이는 같은 나이이지만 다른 모습으로 살고 있어. 얼핏 보면 굉장히 다른 기질을 가진 것 같지만, 욕구의 관점에서 본다면 거의 같은 욕구가 강하다고 볼 수 있어. 이 둘은 일단 힘과 성취의 욕구가 높아. 한쪽은 공부, 한쪽은 힘으로 최고의 위치를 차지하고 있으니 말이야. 힘과 성취의 욕구가 강한 아이는 일등을 하기 위해 열심히 공부할 수도 있고, 친구들을 웃겨서 인기를 끌어 반장이 될 수도 있고, 힘과 무력으로 친구들을 굴복시키는 학교폭력 가해자가 될 수도 있어.

또한 두 아이는 사랑과 소속의 욕구도 높아. 혼자만 잘난 걸로 만족하는 것이 아니라 주변 아이들과 함께하며 영향력을 발휘하고 있기 때문이야. 친구들의 관심과 인정, 관계를 중요하게 여기는 특성이 보여. 참 모순적인 사실이지. 기질적으로는 비슷한 욕구가 있는데 드러나는 모습은 전혀 다르다니 말이야. 여기서 우리가 확인할 수 있는 점이 있어. 욕구를 충족하는 방식에 따라 전혀 다른 삶의 모습을 띤다는 사실이야.

그러니 먼저 자신을 알아야 하고, 그에 맞게 올바른 방향으로 가야 한다는 점이 중요해. 자유의 욕구가 강하면 일상에 주어진 과제를 자기 의지대로 계획하고 실행해야 하고, 즐거움의 욕구가 강한 사람은 숙제를 좀 더 재미있게 할 수 있는 방법을 찾아가야 해. 그렇지 않으면 아무리 놀아도 욕구를 채우지 못해 짜증 나고 불편한 상태가 지속될 수 있거든.

중학생들과의 집단상담에서 어떤 행동을 할 때 각각의 욕구가 채워지는지 알아보는 활동을 했어. 정확하게 자신이 어떤 욕구가 강한지 검사하는 도구는 개발되지 않았지만, 욕구의 이름만 봐도 충분히 알 수 있을 거야.

사랑과 소속의 욕구	•가족들과 외식할 때 •생일을 축하해 줄 때 •용돈 받을 때 •엄마가 돈가스 해 줄 때 •아빠랑 같이 운동할 때 •엄마가 기프트카드 사 주실 때 •형제가 내 말을 잘 들을 때 •친구들이 위로해 줄 때 •내가 힘들 때 같이 있어 줄 때

자유의 욕구	• 시험 마쳤을 때 • 여행 갔을 때 • 친구들과 쇼핑할 때 • 화장실에 있을 때 • 버스 타고 돌아다닐 때 • 수업 마치고 집에 갈 때 • 집에 혼자 있을 때 • 친구들과 축구할 때 • 아빠랑 드라이브할 때
힘과 성취의 욕구	• 성적 올랐을 때 • 선생님께 칭찬받을 때 • 운동 경기에서 이겼을 때 • 게임에서 이겼을 때 • 산 정상에 올랐을 때 • 줄넘기 오백 번 했을 때 • 10킬로미터 마라톤했을 때 • 상 받았을 때 • 반장 선거에서 이겼을 때
즐거움의 욕구	• 영화 볼 때 • 맛있는 것 먹을 때 • 수학 문제집 다 풀었을 때 • 책 보면서 과자 먹을 때 • 음악 듣고 쉴 때 • 친구들과 놀 때 • 잠잘 때 • 기프트카드 선물 받을 때 • 용돈 받을 때

윌리엄 글래서가 강조하는 중요한 점이 또 있어. 바로 '사람이 선택하는 모든 행동은 자신의 욕구를 충족하기 위해서'라는 점이야. 그런데 어떤 중학생이 이 설명을 듣고 따지듯이 말했어.

"난 학교 다니기를 선택하지 않았어요. 부모님들이 다녀야 한다니까 억지로 다니는 거라고요. 공부도 하고 싶지 않아요. 시키니까 억지로 하는 거죠. 안 하면 혼나잖아요."

정말 중요한 질문을 해 줘서 고마웠어. 내가 하기 싫은 일을 스스로 선택했다는 말에 억울함이 밀려올 수 있어. 그런데 조금 다르게 생각해 보자. 그렇게 싫다면 왜 학교를 그만두지 않지? 왜 공부를 포기하지 않니? 아마 주변에 서서히 학교를 나오지 않거나 그만두는 아이들이 있을 거야. 공부를 진즉에 포기한 아이도 많지. 그럼에도 너는 지금 이 생활을 계속하기로 선택하고 있지 않니? 내 대답을 듣더니 더 따지고 싶은 마음이 들었는지 또 이렇게 말해.

"그만두면 어떡해요? 대책이 없잖아요. 아직 미성년자라 할 수 있는 게 없어요. 부모님이 절 가만히 안 둘 거예요."

맞아, 바로 그런 이유로 스스로 학교 다니기를 선택하고, 친구와 놀기를 선택하고, 공부를 할지 말지 선택하고 있는 거야. 나의 선택은 나의 욕구를 충족시키기 위한 것이라는 사실을 깊이 생각해 보길 바라. 받아들이기 쉽지 않을 수 있어. 그러니 두고두고 생각해 봐. 외부에서 주어진 조건과 자극이 강해서 억지로 시키는 대로 하는 것 같지만, 내가 무의식적으로 동의하고 선택한 것은 사실이니까. 만약 그걸 깨닫지 못한다면 계속 부모님이나 선생님을 원망하게 될 수도 있어.

오늘 하루의 생활도 마찬가지야. 억지로 하는 것 같지만, 결국 나의 욕구를 충족하기 위해 스스로 선택하고 있을 거야. 내 욕구가 어떤 활동이나 행동을 통해 충족되는지 이해해 가는 것이 중요해. 그리고 내가 선택하는 행동이 성숙한 행동인지 그렇지 않은지 판단하는 능력도 길러야겠지. 그래서 현실치료기법에서는 자신의 욕구를 채우기 위한 행동을 선택하는 기준을 제시하고 있어.

좋은 선택의 기준
- 기분이 좋다
- 나에게 유용하고 필요하다
- 나의 욕구가 충족된다
- 타인의 욕구 충족을 방해하지 않는다
- 생산적이고 발전 지향적인 변화를 추구한다

기억해. 우리 모두 다섯 가지 욕구를 가지고 태어나지만 욕구의 강도가 저마다 다르며 이는 태어날 때부터 가진 것으로 평생 변하지 않는다는 점. 한 가지 욕구만 강한 사람도 있지만, 두세 가지 욕구가 강한 사람도 있다는 점. 그리고 누구나 다 자신에게 중요한 욕구를 채우기 위해 자기 행동을 선택해

왔다는 점. 오늘 하루 나의 발전을 위한 선택을 했다면 나의 만족감과 행복감도 더 높아질 수 있을 거야.

솔직하게, 당당하게, 나답게!

이제 내가 어떤 사람인지 조금씩 이해가 되니? 나를 이해하기 시작했다면 이제 나답게 살아가는 것이 매우 중요해. 그리고 친구 관계에서도 나답게 대화해야 해. 친구들에게 인기 있는 아이의 특징을 살펴보면 그 아이만의 스타일이 있다고 느껴질 거야. 바로 자신답게 자기를 표현하는 거지.

대부분의 철학이나 심리학에서 강조하는 점도 '나를 알고 나답게 살아야 한다'는 거잖아. 그러니 나다운 게 뭔지 알고 나답게 표현하는 건 너무너무 중요한 일이야. 그런데 '나답다'라는 말이 너무 추상적이라 정작 나다운 게 뭔지 생각하는 일은 너무 막연해.

몇 년 전부터 MBTI가 엄청나게 유행하기 시작한 것도 바로 그 부분을 긁어 주었기 때문이야. 16개 유형으로 사람의 성격을 나누니 나와 친구에 대해 쉽게 이해할 수 있게 되었거든. 그런데 어느새 "넌 T라서 공감을 못 해", "너는 F라서 잘 울어" 같은 말들을 하고 있네. 혹시 이런 말을 들어본 적이 있다면, 이제 좀 더 정확하게 알아야 해. 그래야 MBTI로 공격하거나 판단하는 사람들에게서 나를 지킬 수 있으니 말이야.

MBTI는 성격검사야. 성격이란 기질을 바탕으로 성장하면서 받은 양육 방식과 환경과 경험 등에 의해 형성되는 후천적 특성을 말해. 그래서 새로운 경험이나 노력을 통해 바뀔 수 있어. 성격검사 결과로 그 친구를 다 안다고 생각하고 섣부른 판단을 하면 안 된다는 뜻이지.

사실 MBTI는 심리학에서 정식 성격검사로 인정받지는 못했어. 성격검사라 이름을 붙이긴 했지만, 정작 자신이 알고 이해하는 부분만 살펴보기 때문에 나도 모르는 내면의 깊은 특성을 이해하기에는 무리가 있거든. 자신이 외향형인지 내향형인지 묻는 말에 오늘 친구들이랑 활발하게 잘 놀았다면 그게 좋다고 체크하고, 한 달 뒤에 혼자 지내는 게 편하다고 생각되면 또 그걸 체크하게 되니 검사할 때마다 조금씩 달라지기도 하잖아. 그래도 쉽게 서로를 이해한다는 장점 덕분에 청소년들 사이에서 큰 인기를 끌었어. 그러나 한 사람을 규정하는 틀이 되어서 '난 ○○○○ 유형은 싫어, 재수 없어. 나랑절대 안 맞아' 하는 식으로 오해하는 경우도 무척 많아.

그래서 MBTI로 나와 친구의 모든 것을 안다고 생각하는건 너무 섣불러. 자신의 기질과 욕구를 먼저 알고, 자라면서만들어진 성격적 특성을 이해하는 과정이 정말 중요해. 이제나의 기질과 욕구 성향을 기반으로 나다운 게 뭔지, 나답게나를 표현한다는 게 어떤 건지 한번 알아보려고 해.

나다운 걸 알 수 있는 간단한 방법이 있어.

미션: 내가 좋아하는 것 100개 찾기

설마 좋아하는 것이 100개가 안 된다는 생각이 먼저 드니? 만약 그렇다면 그건 자신을 아직 잘 모르기 때문일 거야. 우선 좋아하는 것의 장르를 구분해 볼까? 음식, 놀이, 운동, 음악, 가수, 게임, 영화, 웹툰이나 만화, 사람, 필기도구, 그림이나 색깔, 장소, 나라 정도만 생각해 보자. 좋아하는 음식도 10개가 넘을 것이고 운동이나 음악 모두 10개는 넘을 거야.

게다가 어떤 분야에서는 10개가 훌쩍 넘을 만큼 좋아하는 게 많을 테니 말이야. 어때? 내가 좋아하는 것 100개는 찾을 수 있겠지? 흥미롭게도 좋아하는 것만 써봐도 내가 어떤 사람이고 무엇을 하고 싶은지, 나다운 게 뭔지 조금씩 드러날 거야.

이제 내가 좋아하는 것으로 친구와 대화를 해볼까? 한 친구가 "야, 우리 시험 끝나면 놀이공원 가자"라고 제안했어. 그 제안이 마음에 들 수도 있고 싫을 수도 있어. 이럴 때 나답게 대화한다는 건 어떤 것일까?

기질적으로 자극 추구가 높다면 새로운 것에 더 흥미를 느끼겠지. 위험 회피가 높고 그 제안이 낯선 거라면 망설여지거나 하기 싫을 거야. 사회적 민감성이 높다면 친구가 원하는 거니까 그냥 따라 하려고 마음먹을 것이고, 지속성이 높다면, 그게 마음에 들지 않아도 그냥 계속할 수 있을 거야.

그럼 이제 친구의 제안에 나다운 대답을 해 보자. 아마 이런 말들이 가능할 거야. 자기 생각을 부드러운 말투로 말한다면 얼마든지 나다운 대화를 할 수 있어.

기질 유형	응답하는 말

자극 추구

좋아. 재밌겠다. 여러 명 가면 더 재미있겠다.

부모님 허락받아야 하지 않아? 위험하면 어떡해?

위험 회피

사회적 민감성

너희들이 좋으면 나도 좋아. (근데 엄마가 안 된다면 어떡하지?)

나 학원 숙제해야 하는데, 어떡하지?

지속성

자신의 의견을 말하면서 동시에 친구의 의견을 묻는다면, 서로 의논하는 대화로 진행할 수 있어. 의논하는 대화가 된다면 나답게 표현하면서 불편한 마음도 해소할 수 있고, 동시에 친구와 조율하는 대화로 발전하게 될 거야.

욕구 관점으로 생각해 봐도 흥미로운 대화가 가능해.

욕구	응답하는 말

생존 욕구

그럼 점심은 거기 가서 먹는 거야? 용돈을 얼마 가져가야 하지?

누구누구 같이 가니? OO이도 같이 가면 좋겠다.

사랑과 소속의 욕구

자유의 욕구

우리 거기 가서 이것도 하고 저것도 하자! 오랜만에 자유롭게 놀자!

좋은 생각이다. 얘들아, 너희는 놀이동산 괜찮아? 다른 곳은 어때?

힘과 성취의 욕구

즐거움의 욕구

야! 진짜 재미있겠다. 애들이 많을수록
좋아하는 걸 나눠서 타면 되니까 더 재밌을 거야!

어때? 자신에 대해 알아야 나의 감정과 생각을 잘 표현할 수 있다는 사실이 얼마나 중요한지 잊지 않기를 바라.

뒷담화가 필요할 땐 이순신 장군처럼

뒷담화는 안 하는 게 바람직하지만, 솔직히 안 하기가 어려워. 누군가가 너무 싫을 수도 있고, 어떤 행동에 대해 비난하고 싶은 마음이 들 수도 있으니 말이야. 다만 그 마음을 조절하지 못하고 다른 사람에게 말하는 순간 곤란한 일이 생길 수 있어. 그러니 어쩔 수 없이 뒷담화하게 된다면 가장 안전하게 할 수 있어야 해.

뒷담화가 하고 싶어 입이 근질근질할 때 이순신 장군을 따라 해 보자. 뒷담화에 왜 이순신 장군을 들먹이냐고? 임진왜란 7년간 기록한 『난중일기』에는 날씨와 함께 당시 전쟁 상황과 군사에 관한 내용,

가족을 향한 그립고 애타는 마음과 평생 친구인 류성룡에 대한 걱정과 더불어 누군가에 관한 뒷담화가 100여 번이나 기록되어 있거든. 이순신 장군이 누구에 대해 어떤 뒷담화를 했는지 궁금하지? 한번 살펴볼까?

(1593년 5월 14일)
영남수사 원평중(원균)이 와서 말할 수 없을 정도로 심한 술주정을 부리므로 온 배 안 장병들이 분개하지 않는 이가 없었고, 그 망측스러움을 말로 다 표현할 수 없었다.

(1594년 6월 4일)
수군 여러 장수들 및 경주의 여러 장수들이 서로 화목하지 못하다 하니 앞으로는 그런 습관을 모두 버리라고 했다. 매우 통탄할 노릇이다. 이것은 바로 원균이 취중에 망발했기 때문이다.

(1597년 5월 8일)
원균은 온갖 계략을 다 써서 나를 모함하려 하니 이 역시 운수이다. 뇌물로 실어 보내는 짐이 서울로 가는 길에 연속되어 있었다.

(1597년 7월 21일)
패하게 된 상황을 물었더니 사람들이 모두 울면서 말하기를, 대장 원균이 적을 보고는 먼저 달아나 뭍으로 올라가고 여러 장수들도 그를 본받아 뭍으로 달아나 이런 극한 상황에 이르렀다는 것이었다. 대장의 과오를 말하는 것은 입에 담아 형언할 수 없고, 그 살점을 뜯어먹고 싶다고 했다.

─ 『난중일기』(스타북스) 중에서

　　힘을 합쳐 왜군을 물리쳐야 하는 절박한 상황에서 제 역할을 하지 못하고 문제를 일으키는 원균에 대한 분노와 원망을 고스란히 기록으로 남겼어. 어떤 생각이 드니? 이순신 장군의 『난중일기』는 한 개인의 일기이지만 역사의 기록으로 남았어. 국보가 되었고 세계기록유산이 되었지.

　　이제 뒷담화는 꼭 뒷담화 일기에 쓰도록 해. 너의 기록이 역사의 기록이 될 수도 있다는 생각으로 '객관적 사실'을 바탕으로 기록한 뒤 '감정'과 '생각'을 쓰는 것이 좋아. 혹시 무슨 사건이 있었다면, 그게 바로 사건 기록 일지가 되기도 하니 말이야. 단, 뒷담화 일기는 꼭 종이 일기장에 펜으로 써서 나만의 비밀 장소에 보관하는 걸 추천해. SNS에 비밀글로 올리는 방법은 위험해. 해킹당하거나 실수로 스스로 열어서 공개되는 사례들이 종종 있으니 안전하다고 보기 어렵거든. 참, 뒷담화 일기를 꾸준히 써 보면 나의 변화도 쉽게 알 수 있어. 어쩌면 1년 후에는 '별일 아니었는데 그때는 왜 이런 마음이 들었을까?' 하는 생각이 들 수도 있을 거야.

1. 이순신 장군처럼 뒷담화를 안전하게 하는 나만의 방법이 있니? 친구들과 이야기해 보자.

2. 나와 친구들이 어떤 욕구가 강한 사람인지 나눠 보고, 서로 다른 친구들이 어떻게 조화를 이룰 수 있을지 의논해 보자.

2부

복잡한 관계가 술술 풀리는
사춘기 마음 처방

오르락내리락
감정의 롤러코스터

중학생 딸을 둔 한 엄마의 이야기야. 딸의 감정이 너무 오락 가락해서 엄마 노릇 하기 힘들다고 털어놓더라고. 그 이야기를 들어 볼래?

딸이 원래는 학교를 잘 다녔대. 그런데 어느 날 갑자기 밥도 안 먹고 침대에서 이불 뒤집어쓰고 울기 시작했어. 몇 날 며칠을 밤마다 엉엉 울고 소리 지르기를 반복했대. 도와줄 방법도 없고, 혹시 괴롭힘을 당하나 걱정했더니 그것도 아니라고 하고 엄마는 속이 타들어 갔지. 그러다 방학이 되어 학교에 가지 않으니 좀 잠잠해지는가 싶었어. 그런데 웬걸, 개학하는 날 아침부터 학교를 안 가겠다고 버티다 아빠까지 화를 버럭 내는 바람에 온 집안이 전쟁터가 되었어. 그래도 억지로 떠밀어 겨우 등교했대.

그런데 그날 오후에 딸이 집에 오자마자 활짝 웃으며 큰 소리로 "엄마!"라고 외쳤다는 거야. 알고 보니 자기가 학교 가기 전에 도저히 안 될 것 같아 친구에게 사과 문자를 보냈는데, 학교 도착해서 보니 친구도 사과 문자를 보냈더래. 서로 사과를 주고받는 한마디의 말에 다시 세상이 장밋빛이 된 거야.

이렇게 사춘기가 되면 친구의 말 때문에 죽고 싶고, 친구의 말 덕분에 살맛이 나게 되는 거지. 어쩌면 이 아이의 감정이 이렇게 오르락내리락한 것도 서로 주고받은 말 한마디에서 시작했을 거야.

그런데 감정이 이렇게 널뛰는 이유가 뭘까? 너도 친구의 한마디에 멀어질까 두렵고, 혹은 내가 툭 던진 말로 친구 마음이 상했을까 봐 너무 걱정되니? 그렇다면 이제 이렇게까지 감정 기복이 심해지는 뇌과학적인 이유를 알아보자.

내 감정에 대해 얼마나 알고 있니?

1. 감정이 널뛰는 뇌과학적 이유를 알고 있니?

2. 참는 방식으로 감정을 누르는 게 바람직한 걸까?

3. 내가 미처 깨닫지 못한 감정도 있을까?

기분이 널뛰는 뇌과학적 이유

사실 친구 사이에 문제가 생기면 그야말로 천국과 지옥을 오가는 기분이 들어. 근데 이 시기에는 누구나 그런 기분을 느낀다는 점을 잊지 마. 그래서 친구의 한마디에 절망을 느끼기도 하고, 반대로 기쁨으로 충만해지기도 하지.

미국 존스홉킨스대 사라 존슨Sara Johnson 교수는 "두뇌는 일생 동안 끊임없이 변화하지만 청소년기의 변화는 비교할 수 없을 만큼 극적이다"라고 강조했어. 이렇게 사춘기 때는 감정을 격렬하게 느끼고 강하게 드러내게 되지. 이유가 뭘까?

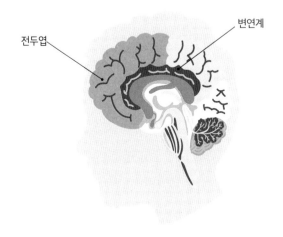

전두엽

변연계

첫째, 뇌에서 본능적 행동과 정서 감정을 주로 맡아 처리하는 변연계가 감정을 조절하고 객관적으로 판단하는 역할을 하는 전두엽보다 더 빠르게 발달하기 때문이야. 게다가 변연계의 일부인 편도체는 감각 기관이 입수한 수많은 정보에 민감하게 감정적 반응을 일으켜. 그래서 작은 자극에도 이렇게 극적인 감정을 느끼게 되는 거야. 즉, 실제 사건은 별것 아니더라도 감정은 훨씬 더 예민하고 강렬하게 반응하는 거지.

둘째, 급격한 호르몬의 변화도 이유야. 호르몬의 변화는 남자와 여자를 구분해서 이해해야 해. 우선 남학생은 사춘기가 되면 남성 호르몬인 테스토스테론의 양이 급격히 늘어나. 그래서 10대 남자아이에게는 공격성이 두드러지게 나타나. 테스토스테론의 증가가 너무 급격해 자신이 판단하거나 조절하기도 전에 먼저 호르몬의 영향에 휘둘리는 거지. 그러니 감정이 날뛰고 버럭 화내게 되는 이유가 뇌 발달로 생긴 영향이라는 걸 아는 것이 중요해.

뇌 때문이라 어쩔 수 없다고 생각하라는 건 아니야. 이유를 정확히 알아야 대처할 수 있기 때문에 설명하는 거니까. 화를 자주 내는 나를 무작정 싫어하지 말고 원인을 알고 현명하게 대처하는 방법을 아는 것이 중요하지. 감정이 격하게 올라올 땐 잠시 멈추고 나를 들여다보며 이렇게 생각해 봐. '내가 지금 지나치게 화가 났구나.' 이렇게 한번 생각하는 것만으로도 조금 진정시킬 수 있어.

호르몬 영향이라는 핑계로 마구마구 공격적으로 행동하는 건 위험해. 청소년 시기에 특정 행동을 자주 하면 그 행동에 따라 뇌가 변화하게 되고 그 방식으로 신경 연결이 가속화되기 시작하거든. 게다가 잘 사용하지 않는 방식의 시냅스(신경세포의 돌기가 다른 신경세포와 접합하는 부위)에 대해서는 뇌의 가지치기 현상이 일어나. 결국, 생각하고 판단하는 기능을 잘 사용하지 않으면 뇌가 달라지고 공격성이 습관화되어 버릴 수 있다는 의미야.

뇌의 가지치기 현상이란?

뇌가 효율적으로 작동하기 위해 잘 사용하지 않는 신경세포 간의 연결은 불필요하다고 생각하고 신경 연결을 잘라 내는 현상. 가지치기 과정에서 살아남는 신경 연결은 더욱더 능숙해진다.

남학생의 감정 변화가 테스토스테론 때문이라면 여학생은 어떨까? 여학생의 경우는 조금 달라. 여자도 이 시기에 남성 호르몬이 늘어나. 하지만 여성 호르몬인 에스트로겐이 더 많이 분비되지. 그래서 기분 변화가 잦고, 심하면 우울감이 높아지기도 해. 그래도 에스트로겐이 공격성을 높이는 테스토스테론의 역할을 보완하게 되면서 공격적인 행동을 많이 하지는 않아. 그 대신 사소한 일에 짜증이 많아지고 관계에서 까탈스러운 모습을 보이게 되지. 이를 관계적 공격성이라 말해.

예를 들면 마음에 들지 않는 아이를 의도적으로 따돌리거나, 특정 아이에게 화를 내고, 어떤 아이에 대해 거짓 소문을 내기도 해서 모두가 그 아이를 싫어하게 만들기도 해. 자기가 시키는 대로 하지 않으면 같이 어울리지 않겠다고 말하기도 하는 식으로 건강하지 못한 관계를 맺게 돼. 혹시 나도 모르게 누군가에게 관계적 공격을 보이고 있지는 않니? 만약 그렇다면 나 자신을 위해 멈추고 잠시 거리를 두는 게 좋아. 나의 에너지를 그렇게 낭비하는 건 결국 내 인생을 낭비하는 것과 마찬가지니 말이야.

이제 정리해 보자. 사춘기에는 감정의 뇌가 먼저 발달하고, 호르몬도 급격하게 변화하기 때문에 감정의 기복이 심해져.

그래서 나도 모르게 충동적으로 말실수를 한 뒤 후회하기도 하고, 친구의 한마디에 며칠 밤을 괴로워하기도 하지.

에스트로겐

테스토스테론

　이 시기를 안전하게 잘 지나고 좋은 친구와 친밀하게 사귀고 싶지 않니? 그러기 위해서는 나 자신을 잘 조절하려고 노력하고 나를 바로잡아 주는 친구를 옆에 두는 게 정말 중요해. 나는 어떤 유형의 친구를 좋아하고, 다른 아이들은 어떤 친구를 좋아하는지 아는 것은 나의 감정을 조절하는 데 큰 도움이 될 수 있어. 감정적 충동이 올라오다가도 이건 친구가 싫어하는 행동이라는 사실을 생각하면 조절하는 힘이 생기니 말이야.

참, 혹시 충동적 감정이 많이 올라오거나 감정의 기복이 심해서 힘들어도 크게 걱정하지는 마. 다행히 사춘기가 지나면 서서히 충동을 조절하고 체계적인 사고를 하는 전두엽의 통제를 받게 되거든.

주의! 폭발하기 일보 직전

혹시 마음을 속 시원히 표현하기 어렵다고 느낀 적 있지 않아? 그게 바로 감정을 억압하는 거야. 의외로 많은 사람이 자기의 진짜 감정을 알아차리고 표현하는 것을 잘하지 못해. 왜냐하면 이건 성장하는 과정 동안 배워야 하는 기술이기 때문이야.

어린아이가 울 때 엄마 아빠가 "속상하지. 놀랐구나. 당황했구나. 무서웠지." 이렇게 아이의 마음을 읽어 주어야 아이는 '아, 이럴 때 내가 느끼는 감정이 무서운 거구나. 억울한 거구나'를 알게 되고, 나중에 그런 상황이 생겼을 때 스스로 표현할 수 있게 되는 거거든.

그런데 안타깝게도 우리나라는 감정을 표현하고 공감해

주는 문화가 아니었어. 그저 참고 인내하는 미덕을 강조했기에 부모님을 포함한 어른들이 아이의 감정을 잘 읽어 주지 못했지. 그래서 지금 우리도 내 감정을 억누르는 일에 더 익숙해. 혹은 솔직히 표현했지만 제대로 받아들여지지 못한 경험, 혹은 나는 힘든데 어른들은 자꾸 괜찮은 거라고 말해서 표현해 봤자 소용없다는 생각을 한 경험이 쌓이면서 더 진짜 감정을 표현하지 못하는 현상이 나타나는 거지. 그렇게 참고 참다버럭 하고 폭발하는 이상 현상이 생기기도 해. 이에 대해 좀더 깊이 있게 알아보자.

오스트리아의 신경과 의사이며 정신분석의 창시자인 지크문트 프로이트 Sigmund Freud라는 사람이 있어. 그는 의식 세계보다 훨씬 방대하고 복잡한 '무의식'의 세계를 관찰과 추론 같은 과학적인 방법을 통해 규명했지. 그리고 정신 분석 과정에서 무의식과 억압이라는 중요한 개념을 찾아냈어.

지크문트 프로이트는 누구일까?

오스트리아의 신경과 의사다. 인간의 마음속 깊은 곳에 숨어 있는 무의식이 정서와 행동을 규정한다는 사실을 발견했다. 무의식을 의식화하고 자아의 기능을 강화시키는 정신분석치료의 창시자이며 이후 심리학 발전에 핵심적인 밑거름이 되었다.

프로이트는 인간의 정신을 빙산에 비유하여 물 표면에 떠 있는 작은 부분을 의식, 파도에 의해서 물 표면으로 나타났다 잠겼다 하는 부분을 전의식, 물속에 완전히 잠겨 있는 큰 부분을 무의식으로 구분했어.

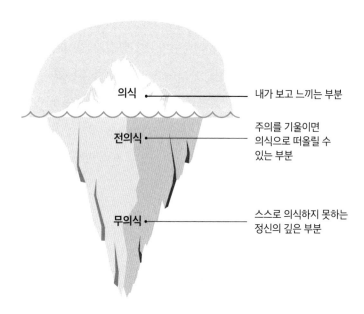

의식 ● ——— 내가 보고 느끼는 부분

전의식 ● 주의를 기울이면 의식으로 떠올릴 수 있는 부분

무의식 ● 스스로 의식하지 못하는 정신의 깊은 부분

사람은 아주 어릴 적부터 알게 모르게 감정을 억압해. 프로이트는 사람이 화, 슬픔, 외로움. 수치심, 죄책감 같은 부정적 감정을 표현하면 위험하다고 느끼기 때문에 무의식 속에 꾹꾹 눌러 억압해 버리고 스스로 인식하지 못하게 하는 경향이 있다고 설명해. 그래서 프로이트는 심리치료나 정신분석의 가장 중요한 목표가 바로 '무의식의 의식화'라고 강조했어. 내가 깨닫지 못했던 것을 의식적으로 알아차리는 과정이지.

어때? 프로이트의 설명을 들으니 나의 감정에 대해 조금 이해가 되니? 좌절감을 느꼈지만 이 감정을 표현하기는 무서워 꽉꽉 누르고 계속 짜증과 화만 내면 어떻게 될까? 이런 경험이 계속 쌓이면 나의 진짜 감정을 알지도 못한 채 그냥 짜증 많고 자주 화내는 성격으로 변해 가는 거지.

게다가 참고 또 참으면 무슨 일이 벌어지는지 우리는 이미 알고 있어. 그렇지 않니? 마치 계속 압력을 가하면 언젠가 터지는 폭탄처럼 되어 버리겠지. 그래서 감정 폭발을 일으키고, 그런 증상을 우리는 분노조절장애라고 불러. 분노조절장애가 생긴 사람의 시작도 알고 보면 불안하고 무섭고 두렵고 속상한 감정들을 그때그때 제대로 표현하지 못하고 숨기고 억압한 거였으니까. 부정적 감정을 감추다가 그런 증상이 나타났다는 걸 알고 나면 안타까운 경우가 너무 많아.

이제 지금 내가 느끼는 감정을 있는 그대로 알아차리고, 담담하게 말로 표현하는 것이 얼마나 중요한지 이해했을 거야. 화가 날 때 버럭 폭발하는 게 아니라 '내가 지금 화가 나는구나'라고 알아차리고 그걸 성숙하게 표현해야 한다는 뜻이야. 한번 연습해 볼까?

친구가 나와 밥 먹기로 해 놓고 말없이 다른 아이랑 가 버렸어. 그때 어떤 감정을 느끼니?

슬픔, 외로움, 창피함, 배신감, 분노…. 온갖 감정이 치밀어오를 수 있어. 그런데 이 모든 감정을 인정하기엔 자존심이 상할지도 몰라. 그러면 나도 모르게 내 감정을 인정하지 않고 털어 내려 애쓰지. 이런 감정을 느끼는 것 자체가 너무 나약한 것 같고 이런 진짜 내 모습을 친구들이 알면 놀리거나 비난할 것 같은 마음이 드는 거야. 그래서 괜찮은 척, 고고한 척, 밥 따위 안 먹어도 된다고 생각하며 아무에게도 말하지 않고 그 감정을 그냥 꿀꺽 삼켜 버렸다면 어떻게 될까?

문제는 그렇게 감정을 숨기면 나타나는 증상들이야. 점점 우울하거나 까칠하고 공격적인 태도로 바뀌기 시작해. 누군가 말을 걸어도 "왜! 뭐!"라고 대답하고, 짜증 나면 혼잣말로 중얼거리며 욕까지 하게 돼. 점점 주변의 친구들이 사라지고 말도 걸지 않아. 투명인간 취급을 하기 시작하는 거야.

　이렇게 감정이라는 녀석을 억압하고 제대로 대우해 주지 않았으면 결국 나를 가장 힘들게 해. 나 자신을 위해서라도 사건이 생겼을 때 친구에게 이유를 물어보아야 하고, 불편감, 서운함과 배신감을 말해야 해. 혹시 잊어버리고 그랬다면 사과받고 싶고, 앞으로 계속 잘 지내고 싶다는 말을 해야 하는 거야.

　중요한 사실은 억누르고 회피해도 감정은 사라지지 않고 뇌에 각인되어 쌓여 간다는 점이야. 참는다고 사라지는 것도 절대 아니고, 슬프지 않다고 부인해도 그 진짜 감정의 모습이 달라지지도 않아.

　어떤 아이는 친구와 문제가 생겨 고민이 심해졌는데 어느 순간부터 학교만 가려면 복통과 두통까지 생겨. 부모님과 병원에 가서 검사를 받아도 몸에는 이상이 없다면서 정신과나 신경과를 가보라고 권해. 이렇게 몸에는 이상이 없음에도 계속 통증이 생기는 증상을 '신체화'라고 해. 힘겨운 감정이 몸의 아픔으로 나타나는 거야.

그러니 나의 감정을 다루는 가장 좋은 방법은 나의 진짜 감정을 인식하고, 느껴지는 대로 표현하는 거야. 말로 표현하는 것만으로도 속이 후련하고 몸의 증상도 점점 줄어들게 되니까 말이야.

감정의 속삭임에 귀를 기울이면

감정은 적절한 감정 어휘로 표현하는 것이 중요해. 우리는 한 가지 사건이나 상황에서도 여러 가지 감정을 동시에 느껴.

감정 어휘란?

내가 느끼는 감정을 가장 적절하게 표현해 주는 어휘를 말한다. 자신의 감정이 정확한 언어로 표현될 때 마음이 후련해지고 안정된다. 또한 감정의 이유와 원하는 삶의 방향을 찾아갈 수 있다.

저쪽에서 친구 세 명이 이야기하고 있길래 나도 가서 끼었어. 그랬더니 친구 A가 말을 안 하는 것 같아. 이런 상황에서 어떻게 대화해야 할까?

1) 넌 왜 나만 오면 말을 멈춰?
2) 내가 오면 네가 말을 안 하는 것 같아서 좀 서운해.

내가 A라면 1)로 말했을 때, 2)로 말했을 때 각각 어떤 대답을 할 것 같니? 같은 내용이지만 이상하게 1)로 물으면 따지는 것 같아 기분 나빠지고 나도 받아치고 싶고 더 말을 안 하고 싶은 마음이 들어. 그래서 이렇게 말하겠지.

A: 내가 언제 너만 오면 말을 멈췄어? 그냥 할 말이 없는 것뿐이야!

그런데 2)로 말하면 어떤 마음이 드니? 서운하다는 말에 왠지 미안한 마음이 들기도 하고, 일부러 말을 안 한 게 아니라는 설명도 해주고 싶은 마음이 들지 않니? 그래서 아마 이렇게 말하게 될 거야.

A: 아! 그랬어? 미안. 일부러 말 안 한 게 아니야.

두 대화의 가장 큰 차이점은 상대방을 비난하며 따지는 말인지, 아니면 내 마음을 표현하는 말인지야. 이유는 모르지만 친구 행동에 서운함을 느꼈다고 표현하니 대답도 잘 오지. 어때? 감정을 솔직하게 표현하는 게 왜 중요한지 이해가 되지?

복도를 걷다가 나도 모르게 친구와 어깨를 부딪쳤어. 그때 상대 아이가 다음과 같이 반응했을 때 내가 무슨 말을 하게 될지 한번 생각해 봐.

1) 야!
2) 아!

"야!"라는 말은 나의 실수를 비난하는 의미라 미안한 마음은 쏙 들어가 버리고 "왜! 너도 좀 조심해!"라고 받아치는 말이 튀어나올 것 같아. 반면 "아!" 하고 외치면 아프다는 표현이 되어 또 저절로 "미안해. 괜찮아?"를 말하게 되지. 나의 감정을 담담하게 말하는 것은 이후 친구 관계가 '적군이 될지 아군이 될지' 결정하는 전환점이 된다는 사실을 기억하자.

상대의 행동에 대해 느껴지는 나의 감정을 말하면 별로 갈등도 생기지 않고 서로 오해를 쉽게 풀 수 있어. 하지만, 상대의 행동에 대한 비난으로 시작하면 그렇지 않다고 반박하면서 무모한 말싸움만 하다 사이가 끊어지게 되기도 해.

이제 솔직하게 감정을 표현하는 일이 얼마나 중요한지 조금씩 이해될 거야. 좀 더 다양한 상황에서 내가 어떤 감정을 느끼는지 파악해 보자.

- 내가 발표했는데 친구가 웃었어. 어떤 감정이 드니?
- 친구가 엎드려 있기에 "왜 그래? 괜찮아?" 물었더니 퉁명스럽게 "저리 가"라고 말해. 이럴 땐?
- 좀 어색한 친구가 주말에 함께 쇼핑하고 놀자고 제안했어. 어떤 기분이 드니?

이런 상황에서 내가 어떤 감정을 느끼는지, 감정표에 모두 체크해 봐. 각 상황에서 내가 어떻게 느끼는지 스스로 파악하는 것이 가장 중요해. 그래야 내가 느끼는 감정을 스스로 알아차리고 말할 수 있으니 말이야.

편안한 감정	기분 좋은, 반가운, 다행스러운, 안심되는, 벅찬, 유쾌한, 감동적인, 안전한, 안정되는, 편안한, 침착한, 생동감, 실망감, 자유로운, 고마운, 신나는, 흥미로운, 낙관적인, 감탄하는, 뿌듯한, 당당한, 평화로운, 기대되는, 자신감 있는, 자랑스러운, 신나는, 신기한, 설레는, 행복한, 즐거운, 재미있는, 호기심 있는, 신선한, 기쁜, 활기찬, 대견한, 통쾌한, 짜릿한, 찡한, 놀란, 흐뭇한, 흡족한, 만족스러운, 친근한, 영광스러운, 희망이 있는, 위로되는
불편한 감정	슬픈, 외로운, 서글픈, 비참한, 우울한, 무기력한, 탈진한, 멍한, 두려운, 망설임, 민망한, 창피한, 분한, 억울한, 배신감, 괴로운, 침울한, 걱정되는, 질투감, 혐오감, 혼란스러운, 자책감, 회의감, 맥 빠지는, 절망적인, 실망감, 조심스러운, 두려운, 답답한, 당황스러운, 서운한, 자괴감, 후회스러운, 의심되는, 허탈한, 불행감, 원망, 역겨운, 초조한, 충격적인, 처량한, 어이없는, 혐오감, 거북한, 거부감, 미운, 거슬리는, 괘씸한, 가증스러운, 얄미운

중요한 건 좀 안 좋은 일이라고 해서 늘 부정적인 감정만 드는 것도 아니고, 좋은 일이라고 긍정적인 감정만 느껴지는 건 아니라는 사실이야. 내 마음속의 감정을 내가 잘 알아야 나를 잘 돌볼 수 있지. 그리고 동시에 친구도 다양한 상황에서 어떻게 느끼게 되는지 더 깊이 이해할 수 있어. 친구와도 좋은 관계로 발전한다는 사실, 꼭 기억하기를 바라.

부정적인 감정에
휩쓸리지 않으려면

옛날 중국 기나라에 걱정이 너무 많은 사람이 있었어. 그런데 그 걱정이 뭐냐면, 하늘이 무너져 내리면 어쩌나, 땅이 꺼지면 어쩌나였어. 말도 안 되는 웃긴 걱정이지만, 안타깝게도 그에게는 삶과 죽음만큼 심각한 문제였어. 너무나 불안한 나머지 음식이 목구멍을 넘어가지 않았고, 밤이 되어도 잠을 이룰 수가 없었다고 해. 그러니 몸이 쇠약할 대로 쇠약해져서 진짜 그런 천재지변이 일어나기도 전에 지레 죽게 될 판이었어.

어때? 딱 봐도 말도 안 되는 걱정이지. 만약 주변에 이런 걱정을 하는 친구가 있다면 무슨 말로 생각을 바꾸게 하고 안심시켜 줄 수 있을까? 당연히 "안 무너져. 걱정 마, 괜찮아." 같은 말을 할 거야.

그런데 "걱정 마, 괜찮아"라는 말이 참 좋은 말이긴 하지만, 의외로 효과가 없을 때가 많아. 왜 그럴까? 그리고 효과가 없다면 어떤 말을 대신해야 할까?

이번 장에서는 다음과 같은 이야기를 나눠 보려고 해

1. 내가 느끼는 걱정이나 불안이 일어날 확률은 얼마나 될까?

2. 나도 모르게 부정적인 생각이 커지지 않니? 왜 그렇게 부정적으로 생각하게 될까?

3. 자동으로 떠오르는 부정적인 생각을 어떻게 바꿀 수 있을까?

싸우자, 불안아!

아이들이 자주 하는 말을 모아 보았어.

애들이 싫어할까 봐, 애들이 뭐라 할까 봐, 손절당할까 봐, 나락 갈까 봐…

이런 게 바로 '까봐 불안'이야. 실제로 일어날 확률은 매우 적음에도 불구하고, 미리 걱정하고 불안해하는 현상을 말해. 한마디로 '~할까 봐' 불안한 거야.

교통사고 날까 봐, 건물이 무너질까 봐…

혹시 어린 시절엔 어떤 불안이 있었니? 아마도 어둠과 괴물과 귀신들이 무서웠을 거야. 그런 불안은 부모님 품을 파고들면 쉽게 나아지기도 했어. 초등학생이 되어 학교에 다니면 불안한 게 좀 더 많아질 수 있어. 발표를 시킬까 봐 걱정되고 친구들이 나를 싫어할까 봐, 선생님이 혼낼까 봐 등 더 많은 걱정과 불안 거리가 생겨나지. 그래도 대부분 그럭저럭 걱정과 불안을 뒤로 하고 잘 지내지.

그런데 고학년이나 중학생 이상이 되면 이제 현실에서 고민이 훨씬 더 많아져. 공부가 잘 안돼서 걱정되고, 숙제가 너무 많아서 걱정이고, 그 숙제를 안 하면 혼날까 봐, 그래서 친구들이 다 보는데 창피를 당할까 봐, 그리고 시험을 망칠까 봐 불안해져.

아무리 걱정이 많아도 그런대로 할 일을 해내고 있다면 참 다행스러운 일이야. 그런데 시간이 갈수록 걱정과 불안이 너무 심해져서 제대로 능력을 발휘하지 못하거나 안 좋은 결과가 있을까 봐 미리 포기하는 일이 많아진다면 나를 돌아봐. 그리고 이런 증상이 6개월 이상 이어진다면 병원에 가자. 어쩌면 불안장애 진단을 받을 수도 있어.

그렇게 병원에서 진단이 내려질 정도면 약을 먹고 꾸준히 상담받는 노력을 해야 하지. 그러니 그렇게 불안 증상이 심해지기 전에 스스로 나의 불안에 대해 이해하고 조절하는 과정이 필요해. 불안장애 중에서도 사회불안장애의 일종인 대인기피증은 사람들이 나에 대해 부정적으로 판단할까 봐 너무 신경이 쓰여 차라리 만나지 않는 게 낫다는 생각이 들게 해. 그뿐 아니라 실제 불안이 심해져 사람들과 어울리면 가슴이 답답하고 심박수가 증가하고 숨 쉬기 어렵다고 느낄 정도로 신체 증상으로 나타나니까 말이야.

불안장애의 종류

정신건강의학과에서 정신장애의 진단 기준인 DSM-5(정신장애의 진단 및 통계 편람)에서는 일곱 가지 불안장애를 설명하고 있다. 범불안장애, 특정 공포증, 광장공포증, 사회불안장애, 공황장애, 분리불안장애, 선택적 함구증이다.

과거에 친구 관계에서 따돌림을 당한 적이 있거나, 학교 폭력으로 피해받은 경험, 괴롭힘당한 경험, 긴 시간의 질병 혹은 충격적인 사건을 경험한 경우에 더 쉽게 생기기도 해. 이렇게 과거 특별한 사건 때문에 발생한 심각한 불안 증상은 병원과 상담 치료 등 전문적인 도움을 꼭 받아야 한다는 점이 중요해.

혹시 주변에 그런 친구가 있으면 치료받으라고 꼭 권해 주어야 해. 실제로 아이가 심리적으로 너무 힘들어할 때 부모님이 상담과 치료를 권하지만 아이가 거부해서 고민하는 일이 너무 많아. 그래서 어떻게 하면 아이가 상담받을 수 있을지 문의하는 경우가 무척 많아. 그런데 신기하게도 친구가 권하면 거부감이 무장 해제되는 느낌이야. 친구가 권해서, 혹은 먼저 권한 친구가 나도 상담받아 보니 도움이 된다고 말하면 무척 힘이 된다는 것도 기억해 줘.

이렇게 심한 경우는 아니지만, 그래도 우리 마음속 불안은 우리를 주춤거리고 망설이게 할 뿐 아니라 무엇보다 늘 마음을 불편하게 해서 할 일을 제대로 하지 못하는 방해물로 작동하게 되지. 결국 많은 걸 포기하게 만들어. 무궁한 잠재력을 가진 내가 날개도 펴보지 못하고 스스로 날기를 포기하는 꼴이 되어버리는 거야. 그러니 내 마음속 불안을 잘 돌보고 조절하는 능력을 갖추는 건 너무 중요해. 우선 친구 관계에서의 불안에 대해 생각해 볼게. 어떻게 관계 불안을 미리 예방하고 조절할 수 있을까?

"친구들이 모두 나를 따돌려요. 모두 나를 싫어해요. 나만 지나가면 수군대는 것 같아요"

이런 생각이 자주 든다면 친구 관계에서의 불안이 너무 커진 거야. 이 마음을 어떻게 진정시킬 수 있을까?

정말 교실에서 모두에게 따돌림당한다면 정말 괴로울 거야. 그런데 과연 이 말은 객관적으로 사실일까? 아니면 그런 느낌이 드는 걸까? 공감도 중요하지만 그 전에 아이가 불안을 느끼는 상황이 사실인지 아닌지 스스로 깨닫는 대화가 필요해. 그렇지 않고 사실이 아닌데 자꾸 공감만 해주면 아이는 점점 그걸 사실로 믿게 되면서 약간의 망상 증상이 생길 수도 있으니 말이야. 그러니 우선 아이의 말대로 친구들이 정말 따돌리는 건지 사실을 확인해야 해. 그다음에 근거 없는 불안 증상이라면 따돌리지 않았다는 증거를 가지고 불안한 마음을 진정시킬 수 있어. 팩트 체크를 위한 대화를 이어가 볼게.

선생님: 힘든 마음을 0~10 숫자로 표시하면 어느 정도야?

학생: 10이요.

선생님: 너희 반 아이들이 모두 너를 따돌린다고 느끼는 고통이 그렇게 심하구나.

학생: 느낌이 아니라 사실이 그렇다고요.

선생님: 아! 미안. 모두 따돌리는구나. 너희 반 아이들이 모두 몇 명이니?

학생: 스물일곱 명 정도요.

선생님: 그러면 그중에서 너를 따돌리는 아이가 몇 명인 것 같아?

학생: '전부 다'라니까요.

아이는 모두가 그렇다는 사실을 무척 강조해. 섣부르게 말하면 좀 더 깊이 있는 대화를 하기 어려울 것 같아 조금 방법을 바꾸었어. 네모난 교실을 그리고 교탁의 위치만 그리고 아이에게 주면서 아이들 책상 자리를 작은 네모로 그려 보라고 했어. 스물일곱 개의 책상을 그렸어. 다시 대화를 시작했어.

선생님: 이 중에 넌 어느 자리에 앉았니? 표시해 봐.

아이는 앞에서 네 번째 줄 왼쪽에서 두 번째 자리를 표시했어.

선생님: 그럼 너를 따돌린 아이들은 어느 자리에 앉았는지 X 표시 해 줄래?

아이는 X 표시를 하기 시작했어. 그런데 두 명까지는 빠르게 표시하더니 갑자기 속도가 느려져. 뭔가 고민하는 표정을 지어. 그리고 천천히 세 명을 더 표시하고 멈추었어.

선생님: 표시 다 한 거야?

학생: 음, 그런 것 같아요.

선생님: 무슨 생각을 하고 있어?

학생: 전부 다라고 생각했는데, 막상 표시하니 5명이네요.

선생님: 그러네. 나머지 아이들은 어때?

학생: 그냥, 별로 무관심한 아이들이 대부분이고, 한두 명은 저랑 밥을 같이 먹기도 하고….

선생님: 밥을 같이 먹는 아이도 있었구나.

학생: 네. 절 따돌리고 괴롭힌 아이는 5명인데 전 왜 전부 다라고 생각했을까요?

선생님: 정말 훌륭한 질문이야. 그러게. 왜 그런 느낌이 들었을까?

학생: 제가 너무 예민해져 있었나 봐요. 그냥 걔들이 날 무시하니까 모두가 그렇다고 느낀 것 같아요

선생님: 작은 아픔이 너무 크게 느껴졌나 보다.

학생: 그런 것 같아요.

선생님: 원래 그래. 작은 아픔이 있으면 세상 모두가 절망적

으로 느껴지는 거지. 어쩌면 걔네처럼 모두가 널 따돌릴까 봐 불안한 마음이 그렇게 생각하게 만들었던 게 아닐까?

　학생: 그런 것 같아요.

　선생님: 네가 표시한 걸 보고 느껴지는 고통은 숫자로 어느 정도니?

　학생: 한 6 정도인 것 같아요.

　선생님: 내일 학교 가는 게 어떤 느낌이야?

　학생: 싫지만, 그냥 좀 덜 괴로운 것 같아요.

　여기서 우리가 따돌림 문제를 다루기 전에 먼저 짚어야 할 점은 두 명의 주동자와 세 명의 동조자, 모두 다섯 명으로 인해 '까봐 불안'이 크게 작동하게 되었다는 사실이야. 이제 다섯 명을 제외한 다른 아이들에게로 먼저 관심을 돌려 보자.

　모두가 따돌려서 밥 먹을 친구도 없고 학교도 못 갈 것 같은 느낌이 마음 전부를 차지했다가 이제는 함께 등교하거나 밥 먹을 친구가 누구인지 생각도 해 보고, 따돌림 문제를 누구에게 도움을 청할지 생각하는 능력을 발휘할 힘이 생긴다는 사실이 중요해.

　이렇게 한가지 안 좋은 일이 있으면 세상 모두가 그럴 것 같은 '까봐 불안'에 휩싸이기 쉽다는 사실을 기억해야 해. 특히 친구 관계에서는 더더욱 '까봐 불안'을 잘 다루는 것이 중요해. 그럼 이 불안을 어떻게 줄일 수 있을까?

- 혹시 내가 한 말이 기분 나빴어?
- 내가 너한테 실수한 거 있어?

찜찜한 일이 있으면 이렇게 꼭 물어보는 것이 좋아. 약간의 용기가 필요하지만, 적은 노력으로 더 큰 우정을 얻을 수 있으니 말이야.

적은 내 안에 있어

이 장을 시작할 때 봤던 기나라 선비 이야기 기억하지? "걱정 마", "괜찮아" 같은 말이 소용없다고 말했어. 왜냐하면 본인은 하늘이 곧 무너질 것 같이 느끼고 있는데, 다른 사람이 아무리 괜찮다고 말해도 전혀 마음에 와닿지 않으니 말이야.

그래서 이럴 땐 막연히 괜찮다는 말이 아니라 하늘이 무너질 거라고 믿는 잘못된 생각을 논리적으로 따져서 그 생각이 잘못되었음을 깨닫도록 도와주어야 해. 이 이야기에서는 한 지혜로운 선비가 나타나서 그의 걱정을 근거를 바탕으로 없애 주지.

"하늘은 눈에는 안 보이지만 단단하기 이를 데 없는 기운 덩어리가 받치고 있으므로 절대 무너져 내리지 않소. 해, 달, 별도 마찬가지요. 땅도 흙이 쌓이고 굳어져서 형성된 것이므로 꺼져 내릴 리가 없다오."

이렇게 나름의 근거를 가지고 확신을 준 거야. 그제야 그 사람이 겨우 마음을 놓게 되었다는 이야기로 끝이 나. 바로 이 이야기가 '기인지우(杞人之憂: 기나라 사람의 쓸데없는 걱정)'라는 고사성어의 유래지. 줄여서 '기우'라고도 해. 1부 첫 번째 장에서 본 기우 이름의 의미도 알아차렸니?

참, "요즘엔 땅도 꺼지잖아. 싱크홀 현상이 있잖아!"라고 굳이 말꼬리 붙잡지 않기를 바라. 비유적 설명이니까. 어쨌든 지혜로운 선비처럼 우리도 기우의 지나친 걱정을 정확한 근거를 가지고 논리적으로 차근차근 설명해 주어야겠지.

결국 나를 괴롭히는 내 마음속 최고의 적은 바로 이런

부정적 생각들이야. 어때? 지금 너의 마음속에 자리 잡은 적군들은 몇 명이나 되니? 그런 거 없다고? 사실은 있는데 몰랐다는 게 정확할 거야. 그걸 확인하는 방법은 바로 나 스스로에 대해 싫은 점을 생각하고 글로 써 보는 거야. 싫은 점은 몇 가지나 되니?

산만해, 집중 못해, 잘하는 게 하나도 없어, 공부도 잘 못해, 친구도 잘 못 사귀고, 운동도 잘 못하고, 뭘 해도 끝까지 하는 게 없어, 기억력도 나빠, 자신감이 부족해, 남들이 뭐라 할까 봐 신경을 너무 많이 써, 낭비가 심해, 노는 걸 너무 좋아해, 친구 유혹에 잘 넘어가, 못생겼어, 키도 작아, 너무 뚱뚱해, 돈도 없어, 자꾸 나쁜 생각을 해….

아마 내가 부족한 점은 찾기 시작하면 수십 가지, 아니 수백 가지가 될 수도 있어. 그런데 중요한 질문 한 가지 할게.

이런 생각들이 언제부터 네 마음속에 자리 잡게 되었니?

원래부터 그랬다고? 말도 안 돼. 어떻게 원래부터 그랬겠어? 아장아장 걸음마하고, 유치원 다니면서 마냥 해맑게 뛰어

놀고, 친구들과 학교에서 놀이터에서 놀던 때를 기억해 봐. 열 살 이전에 그렇게 문제가 많았어? 아니지?

맞아, 분명 꿈도 많았고, 나중에 뭔가 잘하게 될 거라 기대도 컸을 거야. 그런데 어느 순간부터, 정확히는 사춘기가 시작되는 4~5학년 정도부터는 이상하게 나 자신을 싫어하게 돼. 중요한 건 그동안 들었던 무수히 많은 충고와 잔소리들이 이제 내가 나를 생각하는 기준이 되고, 내가 나를 비난하는 근거가 되고 있다는 사실이야.

그냥 하는 말이 아니야. 인지 왜곡을 설명한 미국의 임상심리학자이사 인지행동치료기법의 아버지로 불리는 에런 백 Aaron Beck은 우울이 심한 환자들이 대부분 '나는 할 수 없다' 같은 부정적인 생각을 자주 표현한다는 것을 알아차렸어. 간단히 말해서 자신은 무능하고, 실패자이니 미래 또한 부정적이고 절망적일 거라고 본다는 거야.

원래 자신만의 개성으로 빛나던 내가 어느새 자기 자신을 비난하고 좌절하고 절망하고 있는 경우가 많아. 그게 바로 내가 알지 못하는 사이에 내 마음속에 스멀스멀 스며들어 와 나를 공격하는 적들이야.

인지 왜곡이란?

우울, 불안이 있는 사람이 자신, 자신의 주변 사건이나 상황, 그리고, 자신의 미래를 사실과 다르게 부정적으로 왜곡해서 그 의미를 해석하는 증상을 말한다.

임상심리학이란?

인간이 겪고 있는 심리적 문제와 정신 장애를 평가하고 치료하는 것을 목적으로 하는 학문이다.

인지행동치료기법이란?

인지 왜곡으로 형성된 부정적 인식 패턴을 바람직하고 합리적인 사고로 변화시키는 심리치료 기법을 말한다.

    자식의 앞날을 걱정하는 부모님과 선생님들이 뭔가 더 열심히 해주기를 바라는 간절한 마음에 부정적인 점만 자꾸 잔소리하고 나중에 뭘 먹고 살 거냐고 걱정하는 소리를 하도 듣다 보니 나도 모르게 그걸 믿게 되어 버린 거야. 그래서 안타깝게도 아직 시작도 하지 않은 자신의 미래를 극단적으로 암울할 거라 상상하고, 부정적이고 절망적으로 생각하는 거지.

에런 벡은 이를 '자동적 부정적 사고Automatic Negative Thoughts, ANT'라고 이름 붙였어. 나를 가로막는 최고의 적은 내 마음속에 '자동으로 떠오르는 부정적 사고'라는 거지. 그렇다면 마음속에 자리 잡고 앉아서 내가 나를 비난하고 미워하고 실망하고 좌절하게 만든 이 녀석을 어떻게 물리칠 수 있을까?

알프레트 아들러는 삶이 힘든 것이 아니라 나 자신이 힘든 것이고, 어려움에서 나를 구출해 내는 것도 곤경에 빠뜨리는 것도 나 자신이며, 진정한 의미에서 항상 나를 가로막은 건 나 자신이라고 말했어.

윌리엄 글래서는 고통도 기쁨도 자신이 선택하는 거라고 강조해. 고통에서 벗어나고 싶다면 고통을 유발하는 생각을 바꾸고 새로운 행동으로 변화할 수 있다는 거지. 어때 믿어지니? 참 당황스러울 거야. 그런데 믿어지지 않아도 가끔 떠올리며 생각해 봐.

자동으로 떠오르는 부정적 사고가 생각을 극단으로 몰고

가서 시험 한 번 망쳤는데 인생을 망친 것 같고, 엄마 아빠께 호되게 혼난 뒤에 나 같은 존재는 사라지는 게 낫다는 생각이 들었다면 말이야. 이럴 땐 진짜 내가 그렇게 생각하는 것이 아니라 내 속의 적들이 나를 극단적 생각으로 몰고 가고 있다는 걸 알아차려야 해.

만약 네 마음속에 이런 자동적 부정적 사고가 많이 자리 잡고 있다면 무엇보다 나 자신이 제일 괴로워. 아무리 세상을 욕하고 말도 안 되는 현실을 비판해도 결국엔 잘 해내지 못하는 나 자신을 비난하게 되니까 말이야.

걱정의 개미 떼를 몰아낼 개미핥기 출동

이제 나를 괴롭히지 말자. 마음속 적군인 자동적 부정적 사고를 어떻게 몰아낼 수 있을지 고민하고 작전을 짜는 게 더 중요해. 그래서 밝고 건강하게 나의 미래를 꿈꾸고 내가 잘할 수 있는 것, 내가 좋아하는 것, 그리고 아직 현재에는 없지만 미래에 나타날 멋진 나의 모습과 역할을 상상해 보면 좋겠어. 어때? 상상만으로도 신나지 않니?

자기만의 독특한 방식으로 나 자신과 지금, 그리고 미래를 보는 긍정적 사고를 지금부터 만들어 보자. 넌 자기 자신이 마음에 드니? 지금 주변 환경이 괜찮다고 생각이 드니? 넌 너의 미래에 어떤 흥미진진한 일이 벌어질지 기대가 되니? 그러기 위해 마음속 부정적 자동적 사고를 물리치는 방법을 먼저 알아야겠지?

이에 대한 대처법을 자동적 부정적 사고의 약자인 개미ANT 치료법이라고도 불러. 나쁜 생각을 하는 순간을 개미가 머릿속에 침범하는 걸로 상상해 봐. 걱정, 불안, 우울, 좌절, 두려움, 분노 모두 개미가 머릿속에 침투해서 나쁜 감정과 생각을 일으킨다고 생각하는 거야.

개미들이 내 머릿속을 침범한다고 상상하면 징그럽고 괴로운 느낌이 들 거야. 그러니까 열심히 최선을 다해 개미 떼를 몰아내야 해. 개미의 적수는 개미핥기야. 이제 나쁜 감정을 몰아내기 위해 개미핥기를 출동시켜야 해. 그렇지 않으면 ANT가 나의 온 마음과 정신을 오염시켜 기분 나빠지고 친구에게 짜증을 잘 내면서 관계를 망치고 자존감은 바닥을 치고 점점 우울해지면서 살기 싫어질 테니 말이야. 그러니 우선 이 ANT가

하는 짓거리가 어떤 것인지 알아야겠지? 여러 가지가 있지만, ANT의 네 가지 행동 방식을 알아야 제대로 물리칠 수 있어. 그러니 지금부터 할 설명을 꼭 기억해야 해.

첫 번째, 모든 걸 부정적 기분에 따라 생각하게 돼. 부정적인 기분을 그대로 믿어 버리는 거지. 하지만 감정은 판단력이 없어, 그저 그 순간 충동적으로 느낄 뿐이야. 우리의 이성이 나의 감정이 타당한지 아닌지 판단해서 내 마음을 조절해야 하는데 ANT는 우리가 그런 능력을 발휘하지 못하고 감정에 따라 움직이게 하는 거야. 불쾌한 감정이 들면 바로 비이성적 판단을 하게 되는 거지. '친구들은 나한테 관심 없어, 날 싫어해, 나만 미워해' 이렇게 말이야. 머릿속에 ANT가 침투해서 이성의 기능을 마비시킨 결과라는 걸 알아야 해.

두 번째, 현재의 부정적인 면만 보게 돼. 공부, 친구 할 거 없이 모두 부정적으로 생각하게 되는 거지. 공부는 안되고 성적은 엉망이고 친구들은 모두 나를 싫어하고 아무도 나한테 관심도 없고 믿어 주지도 않는다는 생각으로 너를 괴롭게 만들어. 지금 웬만큼 친한 친구인데도 ANT가 침투하면 갑자기 그 친구에게 서운한 점 혹은 나빴던 기억이나 사건에 자꾸 집착하는 마음이 들어서 오늘 그 친구의 모든 행동이 거짓이고 가식 같다는 생각에 더 기분이 나빠지는 거야. ANT는 네가 친구들과 기분 좋게 이야기 나누고 사이좋은 성숙한 모습을 싫어하거든.

세 번째, 앞으로도 계속 암울할 거라 예상하게 만들어. 내일도 뭔가 나쁜 일이 생길 것 같지. 모든 상황을 최악의 시나리오로 예측하는 거야. 그런데 이상하게 친구랑 다툴 거라 생각하면 꼭 싸우게 되고, 선생님이 혼낼 것 같다는 생각을 하면 꼭 그런 일이 생기는 거야. 그럼 이렇게 예측하는 게 맞지 않냐고? 그렇지 않아. 나쁜 일이 생길 거라 예측하면 표정과 몸짓, 말과 행동은 어떤 모습으로 변할까? 아마도 짜증 난 얼굴에 누가 말을 걸어도 퉁명스럽게 답하겠지. 행동도 삐딱해질 거야. 그게 바로 ANT의 기능이야. ANT는 너에게 나쁜 일이 생길 거라 예상하게 하고, 불손한 태도를 취하게 해. 그래서 다른 사람의 반응이 나빠지고 마치 예측했던 나쁜 일이 생기는 것 같은 착각을 불러일으키는 거야. ANT의 작전이 성공한 거지.

네 번째, 나와 다른 사람 모두를 비난하게 돼. 가장 강력한

ANT야. 장점은 전혀 없고 단점만 있는 것 같은 내 모습에 스스로를 비난하게 되지. 나는 아무것도 할 수 없는 실패자이니 존재 가치가 없다는 극단적 생각까지도 하게 돼. 그게 다가 아니야. 뭔가 잘못되었을 때 다른 사람에게도 책임을 돌리게 돼. 엄마 때문에, 아빠 때문에, 선생님 때문에, 친구 때문에 등. 다른 사람을 비난하며 갈등이 생기고 심하면 싸우게 되고, 심리적으로 더 고립되기도 해. 이런 현상이 일어날 때 모두 ANT의 고약한 작전에 휘말린 거라는 사실을 알아차리는 게 중요해.

이렇게 ANT의 능력치를 알았다면 이제 중요한 건 ANT 격퇴법이야. 핵심은 ANT가 휘저어 놓은 내 머릿속에서 부정적이고 상황을 더 악화시키는 비논리적인 생각 패턴을 발견하는 일이야. 그리고 그 생각에 논리적으로 반박해서 생각을 변화시키는 거지. 네 마리의 거대 ANT를 물리칠 작전을 세워 깨부순다는 상상을 해봐. 가장 좋은 무기는 바로 논리적 반박을 통해 새로운 생각과 행동 방식을 하나씩 찾도록 도와주는 과정이지. 이제 우리도 같이 논박해 보자.

혹시 친구와 갈등이 생겼거나 서운했거나 친구가 나에게 화를 낸 일이 있었다면 차근차근 논리적으로 따져 보기만 해도

ANT를 이길 수 있어.

　－ 친구가 화낸 이유가 뭘까?

　－ 내 말 중에 서운하게 느껴진 말은 뭘까?

　－ 이번 사건으로 우리가 다시 화해하고 좋은 친구가 될 가능
성은 얼마나 높을까?

　－ 그걸 결정하는 건 누구일까?

　－ 내가 다르게 행동한다면 결과가 달라질까?

　－ 친구는 이 상황에 대해 어떻게 생각할까?

　－ 혹시 친구도 내가 먼저 사과하고 말 걸어 주기를 바라는
건 아닐까?

　－ 한번 다툰 사이가 더 돈독한 사이로 바뀔 수 있을까?

　－ 세상의 좋은 친구들은 한 번도 싸운 적이 없을까?

　－ 내일 그 친구를 만났을 때 어떤 표정으로 어떤 말을 꺼내야
좋을까?

　어때? 이 정도만 생각해 봐도 친구와의 갈등이 훨씬 줄어
들지 않니? 생각하는 것만으로 어떻게 그런 효과를 얻을 수
있는지 의심이 된다면, 상상 기법의 힘을 알 필요가 있어. 사
람의 정신력은 정말 신기할 정도로 대단한 힘이 있거든. 운동

선수들의 '이미지 트레이닝'을 검색해 봐. 어떤 기술을 실제로 연습하기 전에 그 이미지를 머릿속에서 반복해 보는 방식이야. 머릿속에서 이미지를 그리면서 연습하는 거야. 브레인 트레이닝, 멘탈 트레이닝이라고도 불러. 이 방식이 과학적이고 무척 효과가 있다는 게 증명이 되었지. 바로 이렇게 논리적으로 생각해 보는 것이 가장 강력한 ANT 퇴치법이라는 걸 꼭 기억해.

내 세상을 크게 만들어 주는 긍정의 힘

어떤 아이가 아빠 지갑에서 오만 원을 훔쳤어. 친구들에게 간식을 사 주고 게임 카드를 사느라 하루 만에 다 써 버렸대. 그런데 들킬까 봐 내내 조마조마하고 두근거렸어. 엄마나 아빠가 이름을 부르기만 해도 가슴이 쿵 내려앉았지. 마음이 편치 않으니 공연히 짜증이 나고 더 큰 소리로 툴툴거리게 됐어.

들키지 않았지만, 아이 마음은 점점 지옥이 되어 갔지. 그런 상태로 두세 달이 지나니 부모님은 갑자기 너무 달라진 아이가 걱정되어 상담실을 찾았어.

　　첫 상담 때 혹시 아무에게도 말하지 못한 비밀 때문에 마음이 너무 괴롭지는 않은지 물었어. 갑자기 아이의 눈에 눈물이 핑 돌았지만, 고개를 저으며 아니라고 했어. 무슨 일인지 모르지만, 혼자만 비밀을 가지고 있거나 숨긴다면 계속 마음에 병이 생길 수밖에 없음을 설명해 주었어. 그리고 상담은 비밀 보장이라 네가 원하지 않으면 부모님에게도 말하지 않겠다고 약속했어.

> 아이: 제가 돈을 썼는데요. 그게, 말 안 하고 가져가서……
> 선생님: 누구 돈?
> 아이: 아빠 돈이요.
> 선생님: 아빠 지갑에서 몰래 꺼낸 거야?
> 아이: 네.
> 선생님: 그래서 이렇게 마음이 괴로워진 거야?
> 아이: 네!

　　아이는 또 울음을 터뜨렸어. 돈이 늘 부족했고, 친구들에게 간식을 사 주어야 하는데 용돈 달라고 해도 안 줄 것 같았고, 평소 아빠는 꼼꼼한 편이 아니라 꺼내 가도 모를 것 같았고, 실제로 들키지도 않았대. 하지만 이렇게 괴로워하고 있었던 거야.

이게 바로 감정의 역할이야. 머리로는 나쁜 계획을 세워 원하는 대로 했지만, 들킬까 봐 불안하고 들키면 어떤 상황이 벌어질지 두렵기도 하고, 잘못된 행동에 대해 죄책감이 들어 스스로 어쩔 줄 모르고 있었던 거지.

감정에 대해 다른 시각으로 생각해 보자

1. 내가 그런 감정을 느끼는 이유는 무엇일까?

2. 같은 상황에서 전과 다른 감정을 느낄 수 있을까?

3. 감정을 알면 친구와의 대화에서 도움이 될까?

감정 속 숨은 핵심 정보로 안내합니다

아빠 지갑에서 오만 원을 몰래 꺼낸 아이의 감정은 어떤 역할을 했을까? 여기서 생각해 볼 점이 있어. 아이는 상담사에게 고백해서 조금 속이 후련해졌어. 그렇다면 상담사가 아이의 고백을 듣고 그대로 묻어 두는 게 과연 아이의 마음 건강에 진짜 도움이 될까? 아닐 거야. 여전히 부모님 앞에서는 미안함과 죄책감에 주눅 들 것이고, 부모님이 알게 될지 걱정하는 마음은 이어지겠지. 그렇다고 상담사가 아이의 허락 없이 부모님에게 말하는 건 절대 안 돼. 그러니 아이를 설득해서 부모님에게 말하는 과정이 꼭 필요한 거야.

선생님: 그런 마음으로 너무 괴로웠구나. 이 사실을 누구에게 말한 적 있니?

아이: 아니요.

선생님: 말하고 나니 마음이 어때?

아이: 좀 시원하고 후련해요.

선생님: 그래, 솔직히 말해 줘서 정말 고마워. 네가 얼마나 괴로웠을지 알 것 같아. 정말 고생했어.

아이: 네.

대답한 아이는 감정이 북받쳐 눈물을 흘리기 시작했어.

선생님: 그런데 선생님에게 말하고 이제 집에 가면 부모님 보기는 편할 것 같아?

아이: 아니요. 계속되겠죠.

선생님: 그래, 잘 아는구나. 그래서 선생님은 네가 부모님께도 이 사실을 고백해야 할 것 같아. 그래야 네 괴로움이 좀 줄어들 수 있을 거야. 말할 수 있겠니?

아이: 아니요. 만일 알게 되면 절 가만두지 않을 거예요.

선생님: 가만두지 않는다는 게 어떤 의미야? 때리시니? 욕하거나 집에서 나가라고 소리치셔?

아이: 네, 아마도요.

선생님: 그런 적 있어?

아이: 네.

선생님: 정말 힘들었겠다. 그러니 말하지 못했구나. 혼자서 정말 많이 힘들었겠다.

아이: 네.

이렇게 대화한 후 한참 울고 마음을 진정시키는 시간을 가졌어. 다시 아이를 설득했어.

선생님: 선생님이 아이들 많이 만나면서 이렇게 잘못한 일을 끝까지 숨기는 게 가장 나쁜 결과를 가져왔어. 진짜 너를 지키는 일은 지금 힘들지만 솔직하게 말하는 것밖에 없어. 그래야 네 마음이 다시 건강해질 수 있어.

아이: 그래도 말 못 하겠어요.

선생님: 그럼 선생님이 대신 말해 주는 건?

말없이 한참을 고민하던 아이가 어렵게 입을 열었어.

아이: 그렇게 해 줄 수 있어요? 그래도 때리고 혼내면요?

선생님: 그건 선생님이 부모님께 간곡하게 부탁할게. 그리고 이젠 체벌이 법으로도 금지되었으니 절대 때리면 안 되고, 만일 체벌이 있으면 신고할 수밖에 없다는 말씀도 드릴 거야.

아이: 네.

선생님: 그러면 말해도 될까?

아이: 네.

선생님: 좋아. 그럼 부모님 들어오시게 해서 말씀드릴게. 넌 가만히 있어도 돼. 혹시 내가 설명하면서 잘못 설명하거나 하면 그게 아니라고 말해 줄 수 있겠니?

아이: 네.

이렇게 해서 부모님과 아이 모두가 있는 자리에서 대화를 시작했어. 그런데 상담사가 부모님께 대신 말해 주기로 했지만, 사실 본인의 입으로 직접 말하는 게 더 바람직해. 그래서 대화를 이끌며 핵심 내용은 아이가 직접 말하게 했어.

선생님: 그동안 아이가 우울해하고 까칠해진 이유가 있었어요. 잘못한 행동이 있는데 차마 부모님께 말하지 못해 혼자 많이 괴로웠어요. 혹시 아이가 어떤 잘못을 했는지 짐작되시는 게 있나요?

부모님: 잘 모르겠어요. 뭔데? 뭘 잘못했는지 말해야 용서하든지 말든지 할 거 아냐?

선생님: 잠깐만요. 지금 정말 용기를 내어 말하는 거니, 어떤 말을 해도 화내지 마시고 집에 가셔서 체벌도 하지 않겠다는 약속을 미리 해 주셔야 합니다. 그래야 말할 수 있어요.

부모님은 아이가 잘못한 행동이 있다는 말에 화가 나셨지만, 상담사의 설명에 다행히 마음을 진정시켰어.

선생님: 부모님이 약속을 지키실 거야. 약속을 안 지키시면 상담실로 바로 연락해 줘. 그럼 선생님이 도와줄게.

아이: 네.

선생님: 이제 부모님도 마음의 준비가 되셨으니 네가 직접 말하는 게 어때?

아이: 선생님이 대신…….

선생님: 그래. 그렇게 말했지. 그런데 직접 말하지 않으면 네 마음에 찜찜함이 남을 것 같아. 부모님이 준비되셨으니 네가 약간의 용기를 내는 게 필요해. 준비될 때까지 기다려 줄게.

그렇게 5분 정도의 침묵 시간이 지나자 아이는 말하기 시작했어.

아이: 제가… 아빠… 지갑에서… 오만 원…….

갑자기 엄마 아빠가 크게 한숨을 쉬었어.

선생님: 잠깐만요. 지금 말을 들으니 어떤 생각이 드셨기에 한숨을 쉬셨나요?

부모님: 저흰 무슨 큰일이 난 줄 알았어요. 말 못 하는 큰 비밀이 있을까 봐 얼마나 마음을 졸였는데요. 잘했다는 게 아니라 아이에게 다른 문제가 아니라는 생각에 일단 조금 안심이 되었

어요. 그래도 훔친 건 당연히 잘못한 거죠.

의외의 상황 전개에 아이의 눈이 동그래졌어.

선생님: 엄마 말씀 듣고 어떤 감정을 느꼈어?
아이: 놀랐어요. 제 걱정을 해주시는 것 같아 좀 좋았어요. 전
말하자마자 혼낼 줄 알았는데.

이 사례에서 가장 중요한 점은 바로 감정 속에 숨어 있는
핵심 정보야. 아이는 계획적으로 아빠 돈을 훔쳤어. 친구들에
게 꼭 써야 할 돈이라고 생각했기 때문이지. 그런데 아이 마
음속 깊은 감정은 그에 대한 죄책감, 부모님이 아시고 실망하
시는 것에 대한 두려움, 자신이 나쁜 사람이라는 자괴감 등으
로 괴로웠어. 하지만 말로 표현할 수도 없고, 감정을 없앨 수
도 없어서 아이의 무의식은 계속 두통과 복통으로 신호를 보
낸 거야. 아이의 정신 건강이 위험해질 수 있었던 상황에서
아이의 무의식 속에 숨어 있던 감정이 아주 중요한 진심을 아
이가 깨닫게 하도록 강력하게 신호를 보낸 거지.

내 마음속 깊이 숨어 있는 중요한 사실 중 하나는 늘 내가

좋은 사람이자 능력 있는 사람으로 성장하길 바란다는 점이야. 그러니 무슨 일이 있을 때 우리가 감정을 잘 알고 그 감정의 이유를 들여다보면 나 자신이 어떤 사람이 되고 싶은지에 관한 가장 중요한 핵심 정보가 숨어 있어. 내가 어떤 사람이 되기를 바라는 지가 바로 나의 성장 방향을 알려 주고 있는 거야. 잘못하면 불편감을 느끼는 것도 내가 바람직하지 않음을 알려 주는 중요한 신호고, 바람직한 행동에서 만족감을 느끼는 건 계속 그렇게 노력하라는 의미야. 결국 내 마음속의 긍정적 성장의 방향이 나를 멋진 세계로 이끌어 줄 거라는 사실을 스스로 믿었으면 좋겠어.

목적지는 긍정, 감정의 핸들을 꺾자

한 아이가 조별 활동에서 난감한 상황에 부닥쳤어. 조별 과제를 해야 하는데 같은 조에 싫어하는 아이가 있어. 자기 역할을 제대로 하지 않고 분위기만 흐리는 아이라 마음에 들지 않아. 공연히 열심히 했다가 그 녀석은 노력도 하지 않고 좋은 점수를 가져가는 건 더 싫어. 그렇다고 아무렇게나 하면 나만 손해고, 도대체 어떻게 해야 할까?

상황이 이러니 당연히 짜증 나고 아무것도 하기 싫을 수 있겠지. 이럴 때 부정적인 감정에 아무 생각 없이 풍덩 빠져들지 말고 이 상황에 대한 나의 생각과 감정을 점검해 보면 어떨까? 그 녀석에 대한 내 생각을 먼저 점검해 보자.

걘 역할을 제대로 하지 않을 게 분명해.
걘 놀고 나만 열심히 해서 같은 점수를 받는 건 싫어!
그렇다고 나까지 안 하면 내 점수를 망치게 될 테니까 그것도 싫은데…….

이런 생각이 든다면 당연히 기분은 더 나빠질 거야. 우리의 감정은 생각에 따라가게 되어 있으니까 아마 감정도 다음과 같을 거야.

싫다, 맥 빠진다, 거슬린다, 얄밉다, 거부감이 든다, 가증스럽다, 혐오감이 든다……

이제 온통 그 친구가 싫고 이 상황이 짜증 나기만 할 거야. 계속 이렇게 있는 건 무엇보다 나 자신에게 가장 좋지 않아. 나의 생각에 따라 감정이 달라지고, 감정에 휘둘려 행동을 선택하게 되면 결국 자신이 손해를 보게 되니 말이야. 그러니 나를 위해 다르게 생각해 보자.

윌리엄 글래서는 인간의 행동을 자동차에 비유해서 설명해. 자동차의 엔진이 사람의 다섯 가지 기본 욕구야. 욕구가 있기 때문에 엔진이 움직이기 시작하는 거지. 그리고 개인의 욕구를 충족하기 위해 우리가 갖는 바람wants이 바로 핸들이야. 내가 원하는 것을 위해 핸들을 조정해서 자동차의 방향을 정하게 되지. 보통 핸들을 움직이면 자동차의 두 앞바퀴가 움직이는 데 이게 바로 행동하기 바퀴와 생각하기 바퀴야.

반면 앞바퀴를 따라 움직이는 뒷바퀴가 바로 느끼기와 신체 반응이야. 즉, 행동하기와 생각하기는 내가 핸들의 방향을 선택할 수 있으므로 통제할 가능성이 높아. 반면, 느끼기와 신체 반응은 행동하기와 생각하기를 통해서 간접적으로 통제할 수 있다는 사실이 중요해.

그래서 윌리엄 글래서는 부정적인 감정에 빠져 힘들 때는 생각과 행동을 새롭게 선택해야 하며, 만약 계속 그 감정에 매몰되어 있는 건 스스로 우울하기, 불안하기를 선택한 거라 설명해. 그래서 '우울한, 화가 난'이라는 형용사로 표현하지 않고 '우울해하기, 화를 내기'라는 동사로 표현하는 것이 맞다고 강조해. '나는 너무 우울해'가 아니라, '나는 우울해하기를 선택했어'라는 표현이 더 정확하다는 설명이야.

어때? 쉽게 받아들여지지 않을 수도 있지만, 우울한 기분이 들 때 그게 너무 싫어서 산책하거나 자전거를 타고 나면 기분이 달라지잖아. 이걸 보면 부정할 수 없는 말인 것 같아. 산책과 자전거 타기라는 행동을 선택함으로써 우울하지 않기를 선택한 거야. 그리고 이런 선택들이 모여서 우리의 삶과 운명을 결정하게 되는 거지.

현재 나의 상황에서 새로운 행동을 시도할 시간이 없다면 생각 바꾸기를 해보자. 싫은 아이가 우리 조에 끼어서 짜증나기만 할 때 주어진 상황에서 다르게 생각해 보는 거야. 생각을 바꾸기 위한 질문을 먼저 해 볼게.

그 아이와 같은 조가 된다면 나에게는 어떤 이점이 있을까?
나와 같은 조가 된다면 그 아이에게는 어떤 이점이 있을까?

이렇게 질문을 바꾸면 조금 다른 생각을 할 수 있게 되지. 예를 들면 이런 생각들이야.

그래, 내가 열심히 하면 걔도 보고 배우는 게 있겠지. 어쩌면 미안함을 느낄 수도 있어.

같이 좋은 점수를 받아도 특별히 나에게 나쁠 것은 없잖아?

한번 도와주는 셈 치고 그냥 열심히 해 보자.

다르게 생각하니 감정도 다르게 느껴지지 않니? 아마 불편한 감정은 확연히 줄어들고 평정심이 생기는 건 분명할 거야. 그렇게 긍정적인 감정이 아니어도 괜찮아.

중요한 건 싫은 감정이 줄어들어 평정심을 유지할 수 있고, 흔들리지 않고 내 할 일을 잘 해낼 수 있게 된다는 점이야. 바로 이 지점이 감정의 노예가 될지, 아니면 감정의 주인이 되어 나를 조절하는 힘을 발휘할 수 있는지 갈라지는 지점이야. 감정 자체는 우리가 쉽게 바꾸지 못해. 우리의 생각과 행동에 따라 저절로 따라오는 신경학적 반응이니까. 하지만 생각은 바꿀 수 있어. 발에 차인 돌멩이는 하찮다고 생각했지만, 그 돌멩이가 백두산에서 가져온 거라고 누가 말해 주면 갑자기 가치 있게 느껴져. 중요한 건 원래 그 돌의 가치는 그대로인데, 내 시선이 달라졌다는 사실이야. 그러니 불편한 감정이 너무 강하게 들어서 마음의 평정심이 깨질 때 '다르게 생각하기'를 꼭 한번 시도해 봐. 그럼 말하기도 행동도 모두 달라질 수 있으니 말이야.

삶이라는 자동차의 운전석에 앉아 핸들을 잡은 너는 지금 어느 방향으로 운전하고 있니? 감정의 바퀴를 움직이는 운전대가 어디로 향할지 결정하고 선택하는 건 오롯이 나의 몫이고, 그 방향에 따라 나의 삶의 방향이 달라진다는 사실을 잊지 않기를 바라.

마음의 창을 활짝 열고 대화해 봐

A: 어제 일요일에 뭐 했어?

B: 나? 학원 갔다가 엄마 아빠랑 외식하고 그냥 게임하고 유튜브 봤지. 넌?

A: 나? 짜잔! 야구 보러 경기장 다녀왔어.

B: 어? 정말? 어디? 무슨 경기였어?

대화란 내 이야기를 하고 상대 이야기를 들어주는 거지. 이렇게 지난 주말 서로 무엇을 했는지 묻고 답하는 간단한 대화에서조차 서로의 이야기를 하고 있어. 이런 대화가 가능해지는 중요한 조건이 있지. 두 친구는 모두 '자기 개방, 자기 정보 노출'을 하고 있어. 나라는 존재를 다른 사람에게 개방하고 자기 정보를 드러내는 거야. 그리고 한번 노출된 나에 관한 정보는 세상 밖으로 나왔기 때문에 어쩌면 끝나지 않는 여정을 시작하는 거라고 할 수 있지. 그리고 이렇게 자신을 보여 주는 대화가 중요한 점이 또 있어. 대화를 통해 서로에 대해 더 잘 알아갈 수 있기 때문이야.

A의 말에 궁금해진 B가 질문을 계속했어.

B: 야구장에는 누구랑 갔어?
A: 응, 우리 삼촌이랑. 대학 졸업하고 취업하기 전에 나랑 한번 놀아 준다고. 진짜 좋아. 삼촌이 우리 아빠였으면 좋겠어.
B: 왜?
A: 우리 아빠 짜증 나는 거 알잖아. 내가 게임하고 있으면 오만상을 찌푸리고, 잔소리하고. 아, 생각만 해도 개빡치네. 야, 어디 가서 이런 얘기 하지 마. 알겠지?

이런 대화를 나눈 두 친구는 서로에 대해 어떤 마음을 갖게 될까? A와 B 모두 얘기를 하고 친구가 들어 주었으니 마음에 힘이 될 거야. 이렇게, 우리는 친구와 대화하고 싶어. 누군가 내 이야기를 들어 주는 일이 사람의 마음에는 필수적으로 필요한 거지. 몇 날 며칠 아무 말도 하지 않고 지낸다고 생각해 봐. 어떨 것 같아? 원래 사람은 사회적 동물이라 누군가와 소통하지 않으면 안 되는 존재야. 그래서 혼자만 알고 있는 사실, 혹은 새롭게 경험한 일을 친구에게 이야기하고 싶어 공개하게 되는 거지.

A가 친구에게 어제 뭐 했는지 먼저 질문한 이유도 친구의 생활이 궁금해서라기보다 야구장에 다녀온 자신의 이야기를 하고 싶었기 때문이야. 그리고 이야기를 진행하다 보니 B의 이야기가 궁금해졌고, 질문하면서 대화가 이어졌어. 결국 이런 대화는 친구와의 관계를 쌓아 가는 데 무척 큰 역할을 해. 이렇게 서로 자기 개방을 하는 대화를 꾸준히 해나간다면 서로에 대한 이해와 친밀감이 꾸준히 확인되면서 우정이 쌓이고 절친이 되는 거야.

그런데 대화를 나눌 때 우리는 서로 아는 것에 대해 이야기를 나누지만 친구에 대한 나의 생각을 전달하기도 하지. A가 말한 아빠에 대한 이야기에 B는 이렇게 말해.

B: 야, 우리 아빠는 더 심해. 너희 아빠 정도면 괜찮은 편이야. 그냥 원래 꼰대들은 그렇잖아. 그러러니 해야지. 근데 넌 그런 거에 되게 예민한 것 같아.

A: 내가? 내가 예민한 거라고?

이 대화에서 A가 몰랐던 자신의 특성에 대해 B가 말하고 있어. 그렇다면 과연 이 대화는 어떻게 진행되는 것이 바람직할까? "아니라고! 내가 뭐가 예민해!"라고 반발할 수도 있고, "그래? 내가 예민한 편이야? 난 그렇게 생각한 적 없는데."라 말하며 이 대화를 마음에 담아 두었다가 가끔 생각해 볼 수도 있지. 그리고 정말 내게 예민한 모습이 있는지 스스로를 알아가는 심리적 과정을 거치는 거야.

둘 중 어떤 반응이 더 바람직한 것 같아? 이런 고민에 대해 연구한 학자도 있어. 우리가 나누는 대화를 통해 나누게 되는 이야기들은 나 자신이 나를 이해하는 것을 넘어 내가 몰랐던 나에 대해 알아가는 과정이라 설명하기도 해. 친구랑 대화하는 데 내가 몰랐던 나에 대해 알게 된다는 게 무슨 의미인지 궁금하니? 다음 그림을 보면서 설명할게.

	내가 아는 부분	내가 모르는 부분
남이 아는 부분	공개 자아	눈먼 자아
남이 모르는 부분	은폐 자아	미지 자아

이 그림의 이름은 '조하리의 창Johari's window'이라고 해. 심리학자인 조셉 루프트Joseph Luft와 해리 잉햄Harry Ingham 두 사람의 이름을 따서 지은 거야. 원래 심리 검사 중 하나인 HTPHouse Tree Person 그림 검사에서 창의 의미는 세상과 사람들에 대한 자신의 마음을 드러내는 정도를 쉽게 알 수 있는 중요한 이미지야. 창을 많게 적게, 크게 작게. 그린 정도에 따라 파악할 수가 있어. 이런 방법을 응용해서 조하리의 창은 창을 통해 다른 사람과의 관계 속에서 나의 자아를 발견하는 심리학적 방법론으로 개발된 거지. 나에 대해 내가 아는 부분과

내가 모르는 부분, 나에 대해 타인이 아는 부분과 모르는 부분으로 영역이 나누어져.

HTP 그림 검사

심리 검사의 한 종류로 흰 종이에 집, 나무, 사람 그림을 각각 그리게 한다. 그림에 나타나는 무의식적 욕구와 심리 상태, 심리적 문제, 성격 특성 등을 파악할 수 있다.

조하리 창의 기본 가정은 사람마다 인간관계에서 표출하는 자기 노출의 정도와 피드백 수용 정도에 따라 마음의 창을 구성하는 네 영역의 넓이가 모두 다르다는 거야.

공개 자아: 자기 행동, 감정 및 동기 등에 대해 자신과 타인이 모두 충분히 알고 있다. 청소년기에는 성인기보다 좁게 나타난다.

눈먼 자아: 남들에게는 보이나 자신은 모르거나 보이지 않는 부분을 말한다. 무의식중에 나타나는 버릇이나 습관이 이

영역에 해당한다. 자신도 미처 몰랐던 부분들을 친한 친구나 지인이 발견하곤 한다.

은폐 자아: 자기 행동이나 동기를 자신은 알고 있으나 타인에게는 의도적으로 감춘 부분을 말한다. 여러 가지 심리적 방어기제가 작동되는 경우도 있다.

미지 자아: 나도 모르고 타인도 모르는 부분이다. 스스로 경험한 것이 적어 어떤 상황에서 어떻게 대처할지 자신도 모르는 경우가 더 많고, 아직 드러나지 않아 타인도 잘 모르는 부분. 청소년기에는 미지 자아 영역이 넓을 수밖에 없다.

공개 자아의 영역이 넓어질수록 소통과 대화가 더 원활하게 잘 진행된다고 해. 친한 친구와의 관계를 생각해 보면 분명 서로의 공개 자아 영역이 넓을 거야. 그런데 아직 친하지 않거나 서먹한 친구가 나에 대해 많이 안다면 어떨 것 같니? 그건 왠지 좀 불편한 마음이 생길 수 있어. 그러니 무조건 나를 드러내는 건 조절할 필요가 있어.

눈먼 자아와 은폐 자아 영역에 대해 스스로 자각이 높아질 때 자신의 삶을 잘 조절하고 통제할 수 있다고 알려져 있어.

그런 과정이 아직 자신도 타인도 모르는 자신의 미지의 잠재력을 발견하고 발전시킬 수 있게 되니 말이야. 그러니 앞에서 B가 A에게 예민한 면이 있다고 피드백을 해 주었을 때, "내가? 그런 면이 있어? 난 몰랐네. 한번 생각해 볼게. 그런 말 해 줘서 고마워."라는 반응이 바로 자신을 좀 더 잘 알아가는 과정이고, 무엇보다 친구의 의견을 수용하는 성숙한 대화의 태도이기도 하지.

심리 상담은 공개 자아 부분의 크기를 확대하고 다른 세 칸의 크기를 줄여 나가는 데 목적이 있어. 그런데 조하리의 창에서 가장 중요한 핵심은 나의 단점을 찾아 이해하는 데서 멈추는 것이 아니라는 점이야. 자신에 대해 몰랐던 점을 알아가는 과정이 서로의 강점과 개성을 찾아 주는 대화로 이어져야 한다는 사실이 중요해. 그런 점에서 B와 A의 대화가 서로에 대한 긍정적 지지와 강점의 대화로 이어진다면 다음과 같아질 거야.

B: 넌 네 감정에도 예민하고, 다른 사람 감정에도 예민해서 공감을 잘해 주는 것 같아.

A: 나보다 네가 더 섬세한 것 같아. 이런 말도 해 주고 말이야.

그래서 너랑 나랑 잘 맞나봐.

　　조하리의 창을 잘 이해한다면 나와 친구를 서로 깊이 이해
하는 긍정적인 대화를 할 수 있을 거야.

TIP

SNS를 사용할 때 잊지 말아야 할 것

쉬는 시간에 지현이가 서서 다른 애랑 이야기하면서 계속 수지 책상을 건드렸어. 수지가 "저리 좀 가 줄래? 자꾸 부딪치잖아"라고 했어. 지현이는 비켰지만 몹시 기분이 나빴지. 그래서 그날 밤에 친한 친구들이 있는 단체 SNS에서 수지에 관한 욕을 하며 수지가 예전 남친에게 왜 차였는지에 대한 글을 올렸어. 성격도 까칠하고 멍청하고 못생겼다는 식으로 놀리는 말도 했지. 그런데 그중 한 명이 수지에게 그 이유가 사실인지 확인하면서 수지도 이 사건을 알게 되었지.

이때 수지가 가만히 있지 않고 뭔가 조치를 취한다면 앞으로 지현이가 겪어야 할 과정은 무엇일까? 무슨 말이냐고? 지현이의 행동이 다음 중 어디에 해당하는지 한 번 찾아보자.

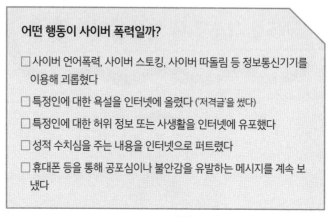

어떤 행동이 사이버 폭력일까?

☐ 사이버 언어폭력, 사이버 스토킹, 사이버 따돌림 등 정보통신기기를 이용해 괴롭혔다

☐ 특정인에 대한 욕설을 인터넷에 올렸다 ('저격글'을 썼다)

☐ 특정인에 대한 허위 정보 또는 사생활을 인터넷에 유포했다

☐ 성적 수치심을 주는 내용을 인터넷으로 퍼트렸다

☐ 휴대폰 등을 통해 공포심이나 불안감을 유발하는 메시지를 계속 보냈다

출처: 2023 학교폭력사안처리 가이드북 중에서

그냥 뒷담화도 문제가 되는데 사이버상에 올리게 되면서 더 심각한 문제가 되어 버렸어. SNS는 뜨거운 감자와 마찬가지야. 안 쓰기는 어렵지만 조심하지 않으면 어떤 문제가 발생할지 몰라. 모든 기록과 사진은 평생 남고, 어떤 실수에 대한 증거가 되기도 해. 완벽한 비밀은 없다는 사실도 기억해야겠지. 늘 경계심을 가지고 현명하게 판단하고 지혜롭게 활용할 줄 알아야 해. 가끔 판단력이 흐려질 때, 다음 십계명을 기준으로 판단하면 안전하고 건설적으로 SNS를 활용할 수 있을 거야.

청소년 또래 관계를 위한 SNS 십계명

1. 나의 글은 영원히 사라지지 않는다

2. 바른 말투를 쓴다(욕 금지)

3. 나와 다른 사람의 개인 정보를 보호한다

4. 다른 사람에 관한 글은 사실이어도 올리면 안 된다

5. 누군가의 명예를 훼손하는 글에 동조하는 글을 쓰지 않는다

6. 글, 음악, 그림, 사진들은 모두 저작권, 초상권이 있다

7. 오픈 채팅방에는 정체 모를 위험한 사람들이 많으니 조심한다

8. 억울한 일을 당하면 캡처해서 증거를 수집한다

9. 친구가 올린 자료라도 공유, 전달하는 순간 자기 책임이 된다

10. 사용 시간을 정하고 그에 맞게 알림 기능을 설정해 SNS 조절력
을 키운다

토론해 볼까?

1. 단톡방에 글을 올렸는데 아무도 답글을 달지 않았다면, 그건 따돌
림을 당한 걸까?

2. 친구에 관한 사실을 SNS에 올리면 사이버 폭력이라는 걸 모르
는 경우가 많아. 이렇게 미처 몰랐던 사실에 대해 서로 이야기 나누
어 보자.

3부

마음 근육과 함께 자라는
10대 맞춤 말 공부

내가 먼저 시작하는
특별한 소통

다음 퀴즈를 풀어 볼래?

문제 1: 미국에서는 해마다 올라오는 태풍에 이름을 붙여. 어떤 이름의 태풍이 피해가 더 클까?
①남자 이름 ②여자 이름 ③상관없다

문제 2: 친구가 거짓말을 자주 해. 어떻게 말하면 거짓말을 멈추게 하려면 어떻게 말하는 게 더 효과적일까?

①거짓말 좀 하지 마 ②거짓말쟁이가 되지 마

문제 3: 철수 엄마는 아들이 다섯 명 있어. 아들의 이름이 첫째 아이부터 순서대로 일남이, 이남이, 삼남이, 사남이야. 다섯째 이름은 뭘까?

정답은 182쪽에서 확인해 봐.

어때? 흥미롭지 않니? 왠지 재미있지? 게다가 몰랐던 이야기를 알게 되니 뭔가 긍정적인 기분까지 느껴지지 않니? 내가 몰랐던 것, 신기한 것, 감동적인 이야기는 세상에 대한 나의 호기심을 만족시켜 줄 뿐 아니라, 이런 대화를 나누는 서로의 관계를 더 돈독하게 해 준다는 게 정말 중요한 것 같아.

심리학에 따르면 사람들은 기본적으로 말하기를 좋아한다고 해. 사람의 뇌는 좋은 정보나 재밌는 이야기를 알게 되었을 때 쾌감을 느끼고, 이를 다른 사람에게 전하고 싶은 욕구를 느낀다고 하니까, 이렇게 흥미로운 이야기로 대화를 시작하는 방법이 있어.

'말하기'에 숨어 있는 심리학적 비밀을 찾아보자

1. 말을 많이 하지 않아도 대화할 수 있을까?

2. 나는 말하고 싶은 욕구가 강한 편일까?

3. 친구에게 어떻게 말하면 원하는 걸 얻을 수 있을까?

열 마디 말보다 한 번의 눈빛으로

말을 많이 해서 문제가 많이 생길까?
말을 적게 해서 문제가 더 많이 생길까?

아무리 말 거는 팁, 대답하는 방법 등 대화 기술을 배워도 말하기가 어렵게 느껴질 수 있어. 그렇다고 아예 말을 안 하면 친구들이 말하지 않는 나를 답답하게 생각하겠지. 무엇보다 적당히 말 걸고 대답하지 못하면 소외될까 봐 걱정되잖아. 그런데 너무 걱정하지 않아도 괜찮아. 말하는 법을 빨리 배워야 한다고 조바심 내지 않아도 돼. 또 다른 기막힌 방법이 있으니 말이야.

말하지 않아도 내 마음을 전할 수 있어. 사람들은 누군가 말할 때 그 말의 내용만 듣고 모든 걸 생각하고 판단하지 않아. 실제로 말하지 않아서 생기는 문제보다 말을 많이 해서 생기는 문제가 훨씬 더 많지 않니? 생각해 봐. '누가 말을 별로 안 하더라' 같은 이유로 따돌림을 당하거나 비난당한 적이 있니? 거의 없을 거야. 오히려 입이 가볍지 않고 믿을 만하다고 생각하는 경우가 더 많아. 그러니 말을 잘하지 못한다는 걱정은 접어 두길 바라. 말을 별로 하지 않으면서도 좋은 관계를 맺고 친하게 지내는 방법을 아는 게 어쩌면 더 중요해.

　실제 대화에서 한 사람이 말을 하면 다른 사람은 들어. 그때 듣는 사람은 말하는 사람의 말의 내용만 듣는 것이 아니라, 그 사람의 전체적인 이미지를 받아들이게 되지. 무슨 말이냐고? 친구가 나에게 "왜 그래?"라고 물어볼 때, 쩨려보면서 말하면　어때? 어떤 마음이 드니? 그 친구가 나에게 무슨 말을 하고 있는 것 같니? 말은 세 글자밖에 안 되지만, 그 아이의 표정에서 뭔가 다른 의미가 느껴지고 나를 비난하고 따지는 의미가 확 느껴져. 내 마음은 더 바빠. 내가 잘못한 게 있는지 마음 졸이게 되고 나도 모르게 주눅 들기도 하지. 우리는 이렇게 표정에서 강력한 메시지를 발견해.

　반대로 친구가 걱정스러운 표정으로 물으면 어때? 왠지 그 아이의 다정한 마음이 느껴지고 나에게 관심을 보여 주는 것에 대해 고마운 마음이 들지 않니? 걱정스러운 표정 덕분에 마음이 안정되고, 따뜻함을 느낄 수 있어. 사실 우리는 말의 내용보다 말투와 표정에서 더 큰 의미를 느끼고 있어. 그러니 말의 내용과 함께 의사소통에 영향을 주는 또 다른 요소에 대해 아는 건 너무너무 중요해.

이런 걸 연구한 학자도 있어. 심리학자들은 참 대단한 것 같아. 우리가 무심코 지나는 섬세한 마음의 움직임까지 연구하다니 말이야. 앨버트 머레이비언Albert Mehrabian은 사람들의 의사소통에 영향을 주는 여러 가지 요소에 대해 분석했어. 상대방에게 호감을 느끼는 순간은 언제인지, 첫 만남에서 인상을 결정짓는 요소는 무엇인지를 알아보기 위해 대화하는 사람들을 관찰해서 분석했지.

사람들이 만나서 대화할 때는 눈으로 보고 귀로 들으며 의사소통이 이루어지지? 대화는 말의 내용과 함께 시각적 요소와 청각적 요소로 분류할 수 있어. 연구 결과 각각이 차지하는 정도를 알 수 있었어.

즉, 사람들의 의사소통에서 상대방에 대해 갖는 인상과 이미지, 그리고 영향을 받는 정도를 보았더니 말의 내용인 언어적 메시지는 7퍼센트에 불과했어. 나머지 시각적 요소와 청각적 요소, 즉 비언어적 메시지가 93퍼센트를 차지했고. 정말 놀랍지 않니?

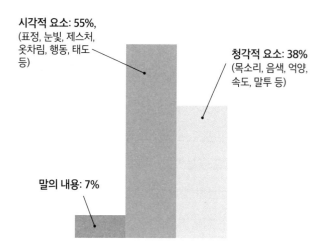

시각적 요소: 55%,
(표정, 눈빛, 제스처,
옷차림, 행동, 태도
등)

청각적 요소: 38%
(목소리, 음색, 억양,
속도, 말투 등)

말의 내용: 7%

이 연구 결과를 다음 사례에 적용해서 생각해 보자. 한 아이가 자기가 말을 먼저 걸어도 대답도 잘 안 해주는 친구 때문에 화가 난다며 이렇게 하소연해.

제가 애들한테 말을 잘 거는 편이에요. 그래서 학기 초부터 어떤 애한테 인사도 하고 말을 걸었는데, 인사는 받아주는데 말을 잘 안 해요. 여러 번 말을 걸었는데 그때마다 "어, 그러게…… . 아니…… ." 이런 말만 하고 대답을 잘 하지 않으니까 제가 너무 뻘쭘해지잖아요. 그런데 다른 애랑 있을 때는 잘 웃고 있어서 어이가 없어요. 내가 싫은 걸까요? 정말 기분 나빠요. 이번에 짝이 되었는데 어떻게 해야 할지 모르겠어요. 짜증 나요.

여기서 우리는 역시 말을 잘 하지 않으면 친구가 싫어한다고 오해를 할 수 있어. 그런데 중요한 점은 답을 잘하지 않는 아이가 다른 아이랑 있을 때는 잘 웃는다는 점이야. 그렇다면 이 상황은 어떤 상황일까?

사실 이 질문을 한 아이는 말투가 굉장히 좋지 않아. 상담할 때도 무척 짜증 난 표정이고 눈빛은 째려보는 듯했지. 손은 계속 책상을 신경질적으로 두드리고 있었고, 의자에 삐딱하게 앉아서 대화를 한다기보다 그냥 짜증과 화를 내고 있다는 생각밖에 들지 않았어. 몸짓과 손짓, 표정과 말투, 목소리 등이 듣는 마음도 불편하게 했어. 말을 더 듣고 싶지 않다는 생각이 들 정도야. 바로 이런 모습이 내담자가 해결해 가야 할 심리적 문제인 거지. 그러니 심리상담사는 마음을 조절하고 내담자의 더 깊은 마음을 들여다봐야 해. 그래서 좀 더 물어봤지.

선생님: 그 친구에게 말을 걸고 인사를 할 때 어떤 목소리로 말했어?

아이: 뭐요?

선생님: 혹시 지금이랑 비슷한 표정이었니?

아이: 네. 그러면 말할 때마다 표정을 바꿔야 해요?

선생님: 약간 그런 게 필요한 거 아냐? 웃으며 말할 때, 함께 슬퍼하면서 말할 때, 다 달라야 하지 않아?

인사를 걸어오는 친구가 "야! 뭐해?"라며 따지듯 말을 걸었으니 "어? 아, 음⋯⋯." 이렇게 반응할 수밖에 없었던 거지.

그러니 사실 이 친구의 문제는 자신이 보여 준 비언어적 메시지가 말이 별로 없는 친구에게 경계심을 갖게 한다는 점을 몰랐다는 것이고, 그래서 무표정하고 딱딱한 대답을 들을 수밖에 없었다는 점이야. 물론 이 아이는 그게 문제인지 모르고 친구만 원망하고 있었으니 안타깝지. 그러니 이 상황에서는 친구를 원망하기 전에 본인의 비언어적 메시지를 점검하고 왜 활짝 잘 웃는 그 친구가 나에게는 제대로 대답도 하지 않고 웃지도 않았을까를 고민해 보는 게 맞는 거지.

간혹 나랑 내 친구가 다른 아이에게 똑같이 말했는데 내 말은 거절하고 친구 제안은 받아들인 적이 있었니? 그래서 기분 나빴던 적이 있었다면, 말의 내용이 아니라 나의 비언어적 메시지를 점검할 때야. 비호감이었을 수 있다는 생각도 해 보면 좋겠어.

자, 이제 말을 잘하지 못해서 친구들과 사이가 멀어지거나 친구들이 싫어할까 봐 걱정이 되었다면 머레이비언의 법칙을 기준으로 한번 생각해 보자.

말을 잘하지 않아도 돼. "응, 그래"라는 간단한 대답을 부드럽게 미소 지으며 말하거나, 고개를 살짝 끄덕이기만 해도 친구가 너에 대해 갖는 이미지는 무척 좋을 거야. 만약 거절해야 하는 상황이라면 "잠깐만, 생각 좀 해 볼게"라 말하면서 진지한 표정으로 고민하고 "아무래도 안 될 것 같아. 미안해"라고 말하면 돼. 거절당한다고 친구들이 기분 나빠하지 않아. 거절하는 말투와 표정이 거슬리는 거지.

거절해도 부드럽고 예의 있는 비언어적 태도가 신뢰할 수 있는 관계를 향해 나아가게 할 거야. 그러니 말을 잘하지 못한다고 해서 절대 주눅 들지 마. 말이 적은 너의 강점을 비언어적 메시지를 잘 활용해서 더욱 강력하게 언어로 만들어 가길 바라. 표정과 몸짓 언어가 짧은 말에 큰 힘을 실어 준다는 사실도 꼭 기억했으면 해.

흥미를 불러일으키는 '대화 시작말'

심리학적으로 사람들은 말하기를 좋아한다는 말, 기억나지? 말수가 적은 사람도 있지만 친밀한 사람에게 뭔가를 말하고 싶은 욕구를 가지고 태어난 거야. 미시간 대학교 에밀리 포크Emily Falk 교수는 '사람은 왜 흥미로운 정보나 이야기를 다른 사람에게 말하는 것을 좋아하는지'에 대한 연구를 했어. 말을 할 때 뇌 영상 촬영을 해서 뇌에서 어떤 현상이 일어나고 어떤 감정을 느끼는지를 관찰한 거야.

그랬더니 열정적으로 아이디어를 전파하는 사람은 전두엽 피질을 포함한 신경 영역의 활성화가 이루어지면서 긍정적인 감정을 느낀다는 것을 발견했지. 즉, 우리 두뇌는 좋은 정보나 이야기를 알았을 때 쾌감을 느끼고, 이를 다른 사람에게 전하고 싶어 한다고 해. 즉, 쾌감을 느끼는 순간 나 혼자 알기엔 너무 아까워 다른 사람에게 전달하고 공유하면서 그 감동을 더 확장시키고 유지시키고 싶어 한다는 거지. 그러니 내가 알게 된 뭔가 신기하고 감동적이고 좋은 이야기를 친구에게 말로 전해 봐. 말하는 나도 행복감을 느낄 수 있고, 기분 좋게 말하는 너의 표정과 몸짓 등 비언어적 메시지도 듣는 사람을 기분 좋게 할 거야. 그뿐만 아니라 그 내용까지 좋으니 서로 더 친밀감을 느끼고 공동체 의식을 가질 수 있게 되는 거야.

그리고 직접 얼굴을 보며 전하는 말이 더 효과적이야. 비언어적 메시지로 더 큰 의미를 전달받으니 말이야. 만약 문자로 해야 하는 상황이라면 글자 하나하나를 적을 때 비속어를 쓰지 않고 품격 있는 말투로 정확한 내용을 전달하는 것이 좋다는 점도 기억하면 좋겠어.

그렇다면 친구에게 어떤 말을 해야 할까? 요즘 내가 꺼내는 대화의 주제는 뭐니? 친구들은 어떤 대화를 주로 나누니? 주로 게임이나 유튜브 이야기? 아니면 공부나 숙제 이야기? 연예인, 화장품, 옷 이야기? 어쩌면 성별에 따라, 나이에 따라, 혹은 지역에 따라 문화가 조금 다를 수 있지만, 이런 주제의 이면에 중요한 것이 빠졌어.

바로 지금까지 내가 잘 몰랐던 유용한 사실, 흥미롭고 더 궁금해지는 내용들은 별로 없어. 사실 나이가 몇이든 내가 아는 세상은 극히 일부에 속하지. 내가 아는 것이 절대적 진리가 아닐 수 있고, 살다 보면 전혀 몰랐던 것에 대해 알아가게 돼. 신기하고 흥미가 생기고 의욕이 생기는 뭔가가 더 있을 수 있지. 내가 열 살 때 알았던, 혹은 지금 아는 게 전부라면 세상이 얼마나 재미가 없겠니? 똑같은 음식을 이틀만 먹어도 질리는 게 사람인데. 세상이 지금과 똑같다면 수십 년을 견디긴 힘들겠지. 그러니 누군가 내가 몰랐던 새로운 이야기를 전해준다면 그건 정말 반가운 일일 거야. 물론 처음부터 거창한 대화 주제로 이야기 나누긴 어려워. 대신 지금까진 몰랐지만 알고 나면 "응? 그런 게 있어? 정말? 진짜?" 하며 즐겁고 신기한 느낌을 주는 대화는 가능해.

　　이런 이야기를 어떻게 꺼내야 할지 모르겠다는 고민이 되니? 그것도 너무 걱정하지 마. 아주 간단한 '대화 시작말'만 알면 돼. 보통 친구에게 말 거는 일을 어려워하는 사람들은 대화 시작말을 모르는 경우가 많아. 누가 물어보면 말을 잘할 수 있겠는데 뭐라고 말을 시작해야 할지 모르는 거지. 그러니 다음의 다섯 가지 '대화 시작말'은 그냥 외워서 써먹으면 돼.

　　— 너 그거 알아?

　　— 내가 퀴즈 한 가지 낼게.

　　— 이거 맞혀 봐.

— 이게 뭔지 모르겠어. 넌 아니?

— 잠깐만, 뭐 좀 물어봐도 돼?

누군가 이 다섯 가지 문장으로 말을 건다면 어떤 느낌이 들까? 싫다거나 경계심이 생기니? 아니면 말을 걸어 주고 나에게 질문해 준 것에 대해 긍정적인 느낌이 드니? 분명히 후자일 거야. 그러니 너무 망설이지 말고 다섯 가지 대화 시작말 중에 하나로 이야기를 시작해 봐. 앞에서 본 퀴즈를 낸다면 아마 아이들이 이런 거 또 없냐고 물어볼 수도 있어.

이제 연습 삼아 다음 퀴즈를 가지고 친구에게 말을 걸어보자.

Q: 너 이거 알아맞혀 봐. 연애를 시작한 사람이 누군지 알 수 있는 방법이래. 뭘 보면 알아맞힐 수 있을까?

A: 반짝이는 눈이야. 사랑에 빠지면 눈동자가 반짝이는 이유가 있대. 실제로 동공이 커지기 때문이야.

Q: 동공이 커지는 걸 어떻게 알아?

A: 그걸 연구한 학자가 있대.

이렇게 대화를 진행해 봐. 이제 이 사실에 대해 좀 더 알아보자. 주변에 연애하는 친구를 본 적 있니? 잘 관찰해 보면 왠지 예전보다 생기가 있고 활달해 보이지? 그중에서도 가장 큰 변화가 아마 초롱초롱 빛나는 눈빛일 거야. 여학생, 남학생 할 것 없이 사랑에 빠진 사람을 쉽게 알아차릴 수 있는 이유가 바로 눈빛이지. 눈빛이 반짝거리는 진짜 이유는 동공의 크기가 평소보다 커지기 때문이야.

동공이 커지는 걸 어떻게 아냐고? 이걸 연구한 학자가 있거든. 바로 미국 생물심리학자 에크하르트 헤스Eckhard Hess야. 그는 사람들에게 좋아하는 대상을 보여 주면 순간적으로 동공이 확장된다는 사실을 우연히 발견했지. 그리고 그걸 증명하기 위해 동공 지름 측정 장치를 개발했어.

그런데 그 이후 계속된 연구에서 사랑에 빠지지 않아도 동공이 커질 때가 있다는 사실도 알게 되었어. 바로 암산을 할 때야. 수학 계산은 싫고 어렵다고만 생각했는데 사랑에 빠진 것과 같은 현상이 나타나다니 우리의 뇌와 신체의 반응이 참 신기한 것 같아. 게다가 암산 계산이 어려울수록 동공이 더 크게 확장된다는 사실도 알아냈어. 결국 중요한 것은 뭔가 정신을 집중할 때 발휘되는 주의력과 집중력이 동공에 오롯이 반영된다는 사실이야.

이렇게 나도 몰랐던 사실을 알았을 때의 느낌이 친구에게 전달된다면 새로운 대화가 가능해지는 거야. 그렇다고 동공이 커져서 반짝이는 아이에게 노골적으로 "너 연애하지?"라고 들이대면 곤란해. 프라이버시를 침해하는 말은 친한 친구라 해도 유쾌하지 않으니 말이야.

"너 요즘 되게 눈이 반짝여. 그래서 예뻐 보여. 이렇게 눈이 반짝이면 연애를 하는 거라는데 맞니?"

이 정도라면 친구와 꾸준하게 대화를 나눌 수 있을 거야.

앞에서 소개한 이야기를 다 써먹었다면 어떻게 하냐고? 걱정 마. 이 책에서 소개하는 심리적 현상들 모두가 친구들이 흥미를 느낄 만한 이야깃거리일 거야. 그마저도 밑천이 떨어지면 그때부터는 검색을 해. '청소년에게 유용한 심리학' 이런 키워드로 검색하면 네가 몰랐던 흥미로운 심리학적 정보들이 무척 많으니 말이야. 그런데 왜 심리학 정보냐고?

사람마다 관심 대상과 주제가 다르지? 그럼에도 불구하고 청소년기의 친구들은 모두가 자신이 어떤 사람인지, 어떻게 살아야 할지에 대해 고민하고 있어. 그에 대해 해결의 방향과 답을 알려 주는 가장 좋은 학문이 바로 심리학이야. 그러니 걱정하지 말고 친구들에게 흥미로운 이야기를 전하면서 좋은 친구 관계를 만들어 보기 바라.

세상의 모든 아이는 누군가 먼저 말 걸어 주기를 바라고, 자기 이야기를 먼저 해 주기를 좋아하고 기다리고 있다는 사실을 꼭 기억해.

똑똑, 친구 마음속으로 슬쩍 들어가기

그래도 친구를 만들기 어렵다고 느껴진다면 또 다른 심리 기법이 있으니 걱정하지 마. 심리학은 수많은 관찰과 실험으로 밝혀낸 인간관계의 과학이야. 그러니 여기서 소개하는 심리 기법들은 그대로 따라 하기만 한다면 기대하는 효과를 낼 수 있어. 의심하지 말고 꼭 활용하길 바라.

혹시 뭔가를 자주 부탁하는 친구가 있지 않니? 처음엔 작은 걸 부탁해서 부담 없이 들어줬는데 슬금슬금 부탁이 늘어나다가 이젠 좀 부담스러운 부탁도 하고 있어. 그래도 왠지 부탁을 거절하기 힘들지? 거절은 못 하고 속만 터지고 있다면 그건 그 친구가 특별한 심리 기법을 이미 사용하고 있기 때문이야. 이게 무슨 상황이냐고? 왜 그렇게 당하고 사냐고? 남일에 대해선 이렇게 객관적으로 평가를 잘하지만, 의외로 자기 일에 대해서 그리 현명하게 대처하지 못하는 경우가 되게 많아. 다음의 경우를 한번 생각해 보자.

어떤 친구가 너에게 연필을 잠깐 빌려 달라고 했어. 처음에는 별 거부감 없이 빌려주지. 사람은 누구나 타인에게 좋은 인상을 주고 싶어서 친절을 베풀어. 그런데 이상하게 한번 뭔가를 빌려주고 나면, 그 친구한테는 빌려주는 게 자연스러워져서 다음부터는 볼펜을, 샤프를, 심지어 노트 필기까지 빌려주게 되는 거야. 슬슬 부담스러운데 거절하기 힘들어서 스트레스를 받기 시작할 거야.

자, 이때 알아차려야 해. 나도 모르게 '문간에 발 들여 놓기 작전'에 휘말렸다는 사실을 말이야.

문간에 발 들여놓기 기법foot-in-the-door technique은 작은

부탁을 들어주면 점차 큰 부탁도 들어주게 된다는 심리 법칙이야. 심리학자 조너선 프리드먼Jonathan Freedman과 스콧 프레이저Scott Fraser의 실험으로 증명되었어. 그들은 미국 캘리포니아의 가정주부들에게 전화를 걸어서 가정에서 사용하는 제품에 대해 몇 가지를 질문하고 대답해 주기를 부탁했어. 그후 사흘 뒤에 이번에는 가정에서 사용하는 가전제품의 개수를 세어 보기 위해 대여섯 명의 남자가 집을 방문해서 찬장과 창고를 열어 봐도 되는지 물었어. 심리학자들이 처음 전화 질문을 진행한 주부와 질문을 진행하지 않는 경우를 비교해 보니 질문을 받은 주부들이 두 번째 부탁도 들어줄 확률이 두 배 이상 높다는 사실을 발견했어.

또 다른 실험에서는 사람들을 두 집단으로 나누어 한 집단에는 자기 집 마당에 '안전 운전자가 됩시다'라는 작은 광고지를 붙여 달라고 요청했지. 모두가 들어주었어. 다른 한 집단에는 이 부탁을 하지 않았어. 다음에는 '안전 운전 하십시오'라는 크고 보기 흉한 표지판을 마당에 설치하도록 부탁했어. 작은 광고지를 붙여달라는 부탁에 응한 집단에서는 76퍼센트가 이 부탁을 들어주었고, 다른 집단에서는 17퍼센트만이 부탁을 수용했대.

처음의 작은 부탁을 들어준 사람들은 자신의 작은 결정을 스스로 합리화하려는 현상이 있고, 이 때문에 이전에 한 행동과 일관된 방향으로 행동하려는 경향성을 갖기 때문이야. 그러니 작은 부탁에 자기 마음의 방향과 그 사람을 대하는 태도를 결정하게 된다는 의미이지.

그렇다고 작은 부탁으로 시작해 상대를 부담스럽게 하는 아이들이 처음부터 문간에 발 들여놓기 기법을 알고 시작한 건 아닐 거야. 원래 심리 법칙들은 우연한 기회에 발견해서 실험으로 증명되는 과정을 거치는 경우가 많으니까. 아마도 한번 빌려준 친구가 더 잘 빌려준다는 사실을 알게 되었겠지. 그런데 진짜 나쁘게 악용하는 경우도 있어. 처음에 천 원 빌려 가고 다음엔 오천 원, 그다음엔 만 원, 이런 식으로 계속 돈을 더 크게 빌려 달라는 아이도 있어. 처음엔 빨리 갚아서 신용을 얻다가 나중에 큰돈 빌려 가서 안 갚을 수도 있으니 속아 넘어가지 않기 위해서도 꼭 알아야 하는 심리 현상이야. 혹시 이렇게 당한 경험이 있다면 당장 멈추고 거절해야 해.

어떻게 거절하냐고? 거절이 쉽지 않지. 거절은 제대로 배워야 해. 뒤에서 다시 자세하게 알려 줄게. 어쨌든 화장품

가게에서 한번 발라 보게 하는 것, 옷 가게에서 입어 보기, 게임 맛보기 등도 모두 문간에 발 들여놓기 기법을 활용한 마케팅이라는 사실도 알아 두면 도움이 될 거야. 그걸 한번 경험해 봄으로써 더 익숙해지고 친밀감을 느끼게 되면서 구매 욕구를 불러일으킬 수 있기 때문이지.

이제 이 기법을 친구를 사귀고 친밀해지는 과정에 응용해 보자. 친구와 친밀해질 수 있는 작은 행동을 부탁해 보는 거야. 단, 실험과 달리 궁극적으로 친구에게 부담을 주거나 피해를 주는 방식은 절대 안 돼. 이 정도가 어떨까?

"아! 어깨가 너무 아파. 여기 다섯 번만 두드려 줄 수 있니?"
"이 문제 맞게 푼 건지 좀 봐줄래?"
"그 음악 제목 좀 알려 줄래?"
"그 게임 잘할 수 있는 비법 좀 가르쳐 줘."
"나랑 화장실 같이 갈래?"

물론 이보다 더 적당한 방법을 찾을 수 있을 거야. 친구가 거절하지 않을 만한, 부담 없이 들어줄 만한 작은 부탁을 찾아서 일주일에 한두 번씩 시도해 봐. 어느새 그 친구와 함께

하는 것이 자연스러워지고 친한 친구가 될 수 있을 거야.

그런데 또 다른 문간 기법도 있어. 만약 네가 친구에게 부탁할 일이 있고 친구가 부탁을 꼭 들어주길 바랄 때 어떻게 말하면 성공할 수 있을까? 이럴 땐 반대로 문간에 '머리 들이밀기 기법Door-in-the-face technique'을 써야 해. 심리학자 로버트 치알디니Robert Cialdini가 재미있는 실험을 통해 증명한 설득 기술이야.

그는 대학에서 대학생 자원봉사자를 모집하는 캠페인을 시작했어. 다양한 나이의 어린 소년범들을 데리고 동물원을 함께 구경하는 일이었지. 그런데 이를 위해 대학생들에게 자원봉사를 할 의향을 물어보았으나 83퍼센트의 학생들이 거절했어.

그래서 이번에는 다른 대학교로 가서 조금 방법을 바꾸어 질문했어. 최소 이 년 동안 매주 두 시간씩 어린 소년범들을 위한 컨설팅 서비스를 제공하는 자원봉사 캠페인이었어. 당연히 대부분 거절했지. 그러자 교수는 거절한 사람들에게 다른 제안을 했어. 어린 소년범들을 데리고 하루 동안 동물원을 함께 구경하는 일을 부탁한 거지. 그러자 46퍼센트가 참여 의사를 밝혔어.

2년간 매주 두 시간을 투자해야 하는 것에 비해 하루 정도 봉사하는 건 어렵지 않다고 생각하게 된 거야. 좋은 일이지만 처음 제안이 부담스러워 거절한 것에 대한 찜찜함이 두 번째 제안을 쉽게 받아들이도록 만든 거지.

이 실험을 좀 더 응용해서 다른 방법들과 비교해 보기도 했어. 어떤 좋은 일을 하는데 시간을 내달라는 요구를 하기로 한 거야.

A 집단: 처음에 많은 시간을 요구하다가 나중에 훨씬 적은 시간을 요구

B 집단: 처음부터 적은 시간만을 요구

C 집단: 많은 시간이나 적은 시간 중에 선택하도록 요구

이 실험은 결과적으로 각 집단이 적은 시간 요구를 얼마나 잘 들어주는가를 알아보는 거였어.

실험 결과 A 집단은 50퍼센트, B 집단은 16.7퍼센트, C 집단은 25퍼센트가 요구에 응했어. 결국 처음에 큰 요구를

하다가 나중에 작은 요구를 한 A 집단이 다른 집단보다 두 배 이상이나 요구에 응해 준 거야. 사람의 마음 현상이 참 흥미롭지 않니?

자, 이제 이 문간에 머리 들이밀기 기법을 응용해서 친구에게 부탁해 보는 것도 좋겠어. 물론 친구에게 피해가 가지 않고 부담스럽지 않은 내용이어야 해. 예를 들어 노트 필기를 잠깐 놓쳤어. 그런데 요즘 친구들은 노트 필기를 잘 빌려주지 않아. 이럴 때 공연히 빌려주지 않는 아이들을 원망하지 말고 이 기법을 활용해 봐.

"이번 수학 시간 노트 필기 전부 다 좀 빌려줘."

아마 친구의 눈빛이 못마땅해질 거야. 그럼 이렇게 다시 말해 봐.

"아! 다 보여 주기 힘들지. 그럼 딱 두 문제만 보여 줄 수 있어? 그때만 잠시 졸았거든."

이 정도면 친구가 아마 살짝 못마땅해도 빌려줄 확률이

훨씬 더 높아질 거야. 친구의 도움을 꼭 받아야 하는데 왠지 친구들이 거절할 것 같으면 응용해서 활용해 보기를 바라. 의외로 잘 수용하는 친구들을 만날 수 있을 거야. 단, 도움을 받았다면 보답은 꼭 해야 해. 마음을 표현하는 작은 심리적 보상을 꼭 돌려주기를 바라.

<158~159쪽 정답>

문제1: 여자 이름 태풍. 여자 이름이 부드럽게 느껴져 태풍 대비를 적게 해서 피해가 더 커진다고 해.

문제2: 거짓말쟁이가 되지 마. 범죄심리학에서 뭔가를 하지 말라는 말은 자신은 원래 선량한 사람인데 이번 한 번만 잘못한다는 인식 때문에 계속할 수 있다고 밝혀. 인격과 행동을 분리해서 생각하기 때문이지.

문제 3: 혹시 '오남이'가 정답이라고 생각한다면 문제를 다시 읽고 생각해 봐. 힌트는 '철수 엄마'라는 점이야.

함께 이야기하며
써 내려가는 절친 노트

수련회에서 우연히 친구를 사귀게 되었다는 A와 이야기를 나누었어.

선생님: 어떻게 B와 친해졌니?

A: 전에는 잘 몰랐는데요. 얘기해 보니까 괜찮은 것 같아요.

선생님: 무슨 이야기를 나누었어?

A: 그냥 특별한 건 없어요. 그냥 그런 느낌이에요.

이게 무슨 뜻일까? 뚜렷하게 특별한 대화는 없었다고 말하면서 그래도 그런 느낌이 들었다고 말해. 이게 무슨 의미인지 알기 위해 다른 상황을 한번 살펴보자.

수련회에서 같은 방을 쓰게 된 중학생들의 이야기야. 다섯 명이 한방을 쓰는데 세 명은 이미 친한 아이들이고 A와 B 두 명은 어쩌다 보니 같은 방을 쓰게 되었을 뿐이야. 제각각 약간 서먹하게 앉아 있는데 세 명의 아이들이 자기들끼리 신나게 농구 이야기를 시작했어. 그 얘기를 듣던 A가 혼잣말로 이렇게 말했지.

A: 난 농구보다 축구가 좋은데.

그 말을 들은 B가 반가운 목소리로 A에게 이렇게 말해.

B: 정말? 나도 축구 좋아하는데.

그다음에는 어떻게 되었을까? 수련회 동안 축구를 한 적은 없지만, 공통의 관심사가 있다는 사실 하나만으로 서로 친구가 되었고, 둘은 그 시간을 외롭지 않고 재미있게 보낼 수 있었어.

그동안 같은 반에서 지낼 때 별로 관심도 없고 호감도 없었는데 어떻게 이런 일이 벌어졌을까?

B는 A에게서 자신과 비슷한 점, 바로 공통점을 발견한 거야. 공통점은 처음 친구를 사귈 때 무척 중요한 요소야. 유아기 아이들도 친구를 사귀는 가장 첫 번째 계기가 바로 자신과 비슷한 점이 있다는 데서 시작하니 말이야. 비슷한 색깔이나 모양의 옷이나 가방, 신발 등에서 공통점이 있으면 친밀감을 느끼고 친구라 생각하기 시작해.

친구의 마음을 설득해야 한다면 어떤 말을 해야 할지 알아보자

1. 10초 만에 친구의 호감을 얻는 방법이 있을까?

2. 친구에게 원하는 것이 있어. 어떻게 말해야 내 말을 들어줄까?

3. 함께 웃은 적이 있는 친구라면 왠지 편안한 느낌일 거야. 왜 그런 걸까?

내 친구가 되는 시간, 단 10초!

과연 10초 만에 친구의 호감을 얻을 수 있는 말이 있을까? 지금까지 별로 친하지 않았지만 친해지고 싶은 친구와 우연히 대화를 나누게 될 경우 서로에게 호감이 생겨야 지속적인 친구 관계가 가능한 건 당연하겠지. 그런데 어떤 말을 어떻게 해야 서로에게 좋은 인상을 남길 수 있을까?

청소년기가 되면 같은 옷이나 가방을 쓰는 외적인 공통점보다 취미나 관심사, 혹은 성격적 공통점에서 친밀감을 느껴. 같은 게임, 좋아하는 가수나 음악, 운동 등이지. 만약 우연히 만난 아이와 어쩌다 이야기를 나누었는데, 알고 보니 같은 게임을 하거나, 같은 아이돌을 좋아하거나 감명 깊게 본 영화나 책, 혹은 음악에서 공통점을 찾는다면 어떤 느낌이 들까? 아마 쉽게 마음이 열리고 친밀감이 느껴질 거야.

또 다른 예도 있어. 분명히 중학생이 되어 처음 만난 줄 알았는데. 자기소개서를 써서 발표하는 시간에 한 아이의 이야기를 듣다 보니 같은 유치원을 다녔다는 사실을 알게 되었어. 그 사실을 알게 된 아이는 쉬는 시간에 찾아가 "너도 거기 나왔냐? 나도 거기 나왔어"라며 말을 걸었고 그 순간 신기하게도 친근감이 생겨 둘은 쉽게 친구가 되었어.

사회심리학자 돈 번Donn Byrne은 바로 이런 현상을 인간관계에서의 유사성의 원리Principle of similarity, Law of similarity라고 설명해. 사람은 누구나 자신과 비슷한 점이 있는 사람에 대해 더 긍정적으로 평가하는 경향을 보인다는 거지. 앞에서 설명한 예시 모두 처음엔 친밀감이 별로 없었는데 소소한 유사성 하나를 찾으면서 쉽게 관계가 연결된다는 사실을 발견할 수 있어.

이 이론을 다양한 인간관계에 적용해 보면 좋겠어. 학년 초 새 친구를 사귈 때, 전학 갔을 때, 낯선 친구들과 조별 활동을 하게 되거나 캠프에서 처음 만나는 아이들과 생활하게 되었을 때, 먼저 다가가서 말을 걸 때는 일단 다른 사람이 하는 말을 듣고 있다가 나와 비슷한 점이 있을 때 어필하기만 하면 돼. 농구를 좋아하는 데 농구 이야기를 꺼내는 친구가 있으면, "어? 나도 농구 좋아해. 어느 팀? 어떤 선수 좋아해?"라는 식으로 대화를 이어가면 좋지. 좀 더 나아가, "우리 종이공으로 농구 게임 하자!"라고 제안해서 농구 게임을 한 판 한다면 친구 사귀기는 쉬워질 거야. 친하지만 공통점을 발견하면 더 친해지고, 그리 친하지 않았던 아이들조차 어느 날 갑자기 쉽게 친해질 수 있는 거지. 친해지는 데 걸리는 시간은 10초면 충분한 거야.

그렇다면 공통성이 하나도 없는 아이와는 쉽게 친해지기 어려운 걸까? 그렇지 않아. 유사성이나 공통점이 없어도 아주 쉽게 친해질 수 있는 좋은 방법을 알려 줄게. 바로 '미러링 mirroring 기법'이야.

심리학에서 미러링이란 다른 사람의 말이나 말투, 태도, 몸짓 등을 무의식적으로 모방하는 행동을 말해. 스스로 알아차리지 못하면서 나도 모르게 누군가를 미러링해서 흉내 내기도 하지. 만약 내가 나도 모르게 누군가를 미러링한다면 이는 나의 생각이나 행동 모두에 그 사람의 영향을 받고 있다는 의미가 되는 거야.

반대로 누군가 나를 모방해 미러링을 하고 있다면, 그 친구는 자신도 모르게 나와 쉽게 공감대를 형성하고, 어떤 상황에서 나와 비슷한 비언어적 소통을 하면서 나에게 공감하게 되는 거야. 덕분에 나와 그 친구는 서로 연대감과 소속감을 느낄 수 있게 되는 거지.

그리고 이런 미러링이 가능한 건 우리 두뇌 속에 있는 거울 뉴런 시스템mirror neuron system 덕분이라고 알려져 있어. '거울 뉴런'은 자신이 보는 것을 거울로 보는 듯 직접 행동하는 것처럼 활성화되는 특성이 있어서 이름도 '거울 뉴런'으로 붙여졌어.

미국 UCLA 대학교 신경과학자 마르코 야코보니Marco Iacoboni는 많은 실험을 통해 '내가 보는 대로 뇌가 활성화된다'는 사실을 증명했어. 가수의 공연을 보면 노래 관련 신경 활동이 활성화돼 자신이 노래하는 것처럼 반응하고, 스트레스를 받아 화내는 사람을 보면 자신도 스트레스 호르몬이 분비돼 불쾌한 감정에 빠지고, 웃는 사람을 보면 웃음 관련 신경 활동이 활성화돼 기분 좋은 감정을 일으킨다는 것을 확인했지.

심리 기법을 활용할 때 어렵게 느껴진다면 단순하게 적용하는 것이 좋아. 거울 뉴런 시스템과 미러링 기법을 단순하게 생각한다면 내 앞에 있는 친구의 표정을 보며 나도 모르게 거울 뉴런 시스템이 작동해 그 친구의 감정을 그대로 따라서 느끼게 된다는 거지. 반대로 말하면 나의 감정이나 기분을 친구가 바로 보고 느끼고 비슷한 감정을 느끼게 된다는 의미도 되는 거야. 즉, 서로에게 영향을 받는다는 의미야.

MBA 학생들을 대상으로 한 협상 실험이 있어. 두 그룹으로 나누어 한 그룹에는 상대방의 행동을 미묘하게 따라 하라는 지시. 다른 그룹에게는 따라 하지 않게 하고 협상을 시도했어. 그 결과, 상대방 행동을 따라 한 그룹의 협상 성공률은 67퍼센트였고, 따라 하지 않는 그룹의 성공률은 12.5퍼센트에 불과했지. 즉, 상대방의 말과 행동을 적절히 따라 하면 호감을 불러일으키고 좋은 성과나 관계를 맺을 수 있어.

그러니 내 앞에 있는 친구가 나를 보며 미소 짓고 즐거운 이야기를 하길 바란다면, 내가 먼저 미소 지으며 이야기를 시작하자. 그러면 친구가 나를 따라 하게 된다는 거지. 설마라고 의심하지 마. 뇌과학에서 증명된 사실이야.

반대로 내가 짜증스러운 표정이면 나를 보는 친구도 동시에 나를 보며 짜증을 낼 거야. 비록 내가 그 친구 때문이 아니라 아침부터 잔소리한 엄마 때문에 짜증 났다 해도, 나를 보는 친구는 마치 자신을 보고 짜증을 내는 것으로 이해할 수밖에 없어. 그래서 난 그냥 쳐다봤을 뿐인데 갑자기 왜 째려보냐며 기분 나쁜 싸움을 걸어오는 이유도 어쩌면 내 표정에서 시작되었을 수 있다는 거야.

이제 10초 만에 친구 호감을 얻는 방법이라는 말을 할 수 있는 이유를 알겠지? 나의 생각과 의지와는 상관없이 뇌에서 먼저 자동적으로 반응하는 거야. 내가 먼저 친근한 표정을 지으면 친구의 뇌에서 거울 뉴런이 작동하며 미러링 현상이 일어나 그 친구도 나에게 친근한 미소를 짓기 시작할 거야. 바로 그때 '대화 시작말'을 시작해 봐. 혹은 "안녕? 나랑 같이 ~할래?"라는 말만 해도 돼. 그 정도 용기는 있겠지?

이제 정리해 보자. 초기 관계에서는 유사성의 원리를 잘 활용해 봐. 그런데 친구 관계가 지속되려면 유사성만으로는 부족해. 서로 호의적인 상호작용을 이어가야 할 필요가 있어. 그럴 때 내가 친구에게 원하는 표정과 몸짓과 말을 해봐. 분명 친구는 미러링 현상에 의해 나와 비슷한 감정을 느끼고 서로 친밀한 대화를 나눌 수 있게 될 거야. 내가 10초 만에 친구의 마음을 움직였으니 말이야. '한 번 친구가 영원한 친구'라는 말은 지속적으로 좋은 친구 역할을 한다면 얼마든지 가능한 말이 되는 거지. 10초 안에 친구 호감을 얻는 말과 행동이 있다는 사실, 이젠 믿을 수 있지?

청개구리도 넘어오는 대화의 비결

다음 같은 상황이면 어떻게 하는 게 좋을까?

친구가 내 물건을 자꾸 만져서 하지 말라고 말했어. 그런데도 오히려 그 친구는 마치 참새 방앗간 드나들 듯 내 옆을 지날 때마다 샤프나 지우개 볼펜을 가져가려고 하고, 내가 달라고 요구하면 오히려 장난치듯이 도망가며 이 상황을 더 즐기는 것 같아. 왜 하지 말라고 하는데도 계속하는 걸까? 도대체 어떻게 말해야 그 친구가 그 행동을 멈출 수 있을까?

이런 상황에서 분명히 친구에게 만지지 말라고 말했을 거야. 그런데 그 말이 잘 먹혀들었니? 그렇지 않아서 고민이야.

참 곤란한 상황이지. 아무리 말해도 자꾸 나에게 와서 집적거리거나 내 물건을 함부로 만지는 친구에게 거절하면 할수록 이상하게 그 친구는 더 심해지니 난감하기 그지없어. 그렇다고 어린아이처럼 담임 선생님께 도움을 청하기도 어렵고, 애매한 괴롭힘이라서 학교 폭력으로 신고하지도 못해. 그 친구는 꽤 영악해서 절대 학교 폭력의 수준으로 넘어가지 않을 거야. 적당히 놀리며 갖고 놀다 돌려줄 테니 말이야. 이런 현상이 반복된다면 중요한 심리 현상 한 가지를 알아야 해. 바로 못 하게 하면 할수록 더 하고 싶어지는 청개구리 심리야. 누구에게나 있는 심리 현상이지.

이런 현상이 나타나는 이유는 사람의 마음에는 반항심리가 있기 때문이야. '리액턴스 효과reactance effect' 혹은 '마음속의 청개구리'라고도 해. 금지하면 할수록 더 갖고 싶고 하고 싶은 심리 현상, 명령이나 강요가 아니라 내 뜻대로 자유 의지로 선택하기를 바라는 마음이 강한데, 그 자유 선택권이 침해받았다고 느낄 때 마음속에서 자유롭게 하려는 반발 심리가 일어나는데 바로 이런 상태를 리액턴스 효과라고 불러.

심리학자 샤론 브램Saharon Brehm이 증명한 실험도 있어.

브렘은 각기 다른 높이의 벽 위에 장난감을 한 개씩 놓아두고, 세 살 정도 아이들의 반응을 관찰하는 실험을 진행했어. 손을 뻗으면 바로 닿을 위치와 아이의 손이 닿지 않는 높은 위치에 각각 장난감을 올려 두고 아이들에게 한 개를 가져가라고 했어. 아이들은 어느 위치의 장난감을 가져갔을까? 대부분의 아이가 낮은 벽 위의 장난감에는 별로 관심을 두지 않고, 높이 있는 장난감을 가지려 까치발을 하거나 점프를 하며 그 장난감을 꺼내려 애를 썼다고 해.

결국 사람 마음의 특성은 자신에게 금지된 것을 더욱 갈망하는 현상이 강하다는 것을 이해하는 것이 중요해. 이런 걸 알면 생활 곳곳에서 지혜롭게 활용할 수가 있어.

마크 트웨인의 『톰 소여의 모험』에도 흥미로운 이야기가 있어. 톰이 밤늦게 놀다 창문으로 기어들어 가던 중에 이모에게 딱 걸렸어. 그 벌로 토요일인 다음날 높이 3미터에 길이 30미터나 되는 담장에 페인트를 칠해야 했지. 나가서 뛰어놀고 싶은 톰에게는 그야말로 고역이었지. 억지로 페인트를 칠하고 있으니 괴롭기 그지없고 앞으로 칠할 부분은 까마득한 느낌이었어.

이때 친구 벤이 사과를 먹으며 가까이 다가왔어. 이를 본 톰은 아는 척도 하지 않고 마치 화가가 된 것처럼 세심하게 덧칠하기 시작했지. 벤의 사과가 먹고 싶어 입에 침이 고였지만 꾹 참고 일에 몰두하는 척을 했어.

벤이 다가와서 이렇게 말해. "저런, 너 지금 일해야 하는 거야?" 그제야 톰은 고개를 돌려 이렇게 말해. "어? 벤이구나. 네가 오는 걸 몰랐어." 벤은 "난 지금 헤엄치러 가는데 넌 일을 해야겠네."라며 놀리듯 말했어.

톰: 일이라니 뭐가?
벤: 그럼 이게 일이 아니고 뭐야?

톰은 다시 칠을 하면서 이렇게 말해. "아이들에게 담장에 페인트를 칠할 흥미로운 기회가 날마다 있는 줄 아니?" 톰은 몇 발짝 뒤로 물러서 칠한 것을 지긋이 바라보고 다시 덧칠을 하기 시작했어. 갑자기 벤은 톰이 부럽고 자기도 칠해 보고 싶은 마음이 굴뚝같이 생기기 시작해.

벤: 톰, 나도 좀 해 보자.

톰: 안 돼! 이 일을 제대로 할 수 있는 아이는 아마 천 명 중에 하나 있을까 말까 할 걸.

벤: 아니야. 너처럼 주의해서 칠할게.

톰: 정 그렇다면, 아냐, 안 되겠어.

벤: 이 사과 전부 줄게.

이 말을 듣고 톰은 마지못해 붓을 넘겨주었지. 이제 다른 아이들도 줄줄이 나타나기 시작했고, 결국 모두 담장을 칠하고 말았어. 어때? 톰이 기막히게 사람의 심리를 이용해서 담장 칠하는 벌을 친구들이 모두 해보고 싶은 놀이로 변신시켰고, 이모의 벌을 거뜬히 해내는 이야기야.

동화라서 가능하다고? 현실에선 불가능할 것 같다고? 그럼 한 가지 이야기를 더 해줄게. 이번에는 감자에 얽힌 이야기야. 독일의 프리드리히 2세 왕(1712~1786)의 무덤에는 사람들이 추모하는 의미로 꽃을 가져다 둘 뿐 아니라 감자도 함께 가져다 둔대. 무덤에 감자라니, 참 이상한 일이지? 그런데다 이유가 있어.

18세기 오스트리아와의 7년 전쟁으로 프로이센의 국토는

황폐해졌고 대흉년까지 겹쳤어. 전쟁에서는 이겼지만, 먹을 것이 없었지. 이때 프리드리히 2세는 감자에 주목해. 감자는 기상 조건이 나쁘거나 땅이 척박해도 잘 자라고 생산력도 좋아 대량으로 수확할 수 있었거든. 그런데 문제는 사람들이 감자를 절대 먹지 않았다는 거야. 돼지나 가축의 사료로 이용하거나 꽃이 예뻐 관상용으로 기를 뿐이었어. 게다가 당시 유럽인들은 감자를 땅에서 열려 흙이 덕지덕지 묻은 더러운 열매라고 까지 생각했어.

감자의 색깔도 칙칙하고 모양도 울퉁불퉁한 데다 작은 점들이 마치 무서운 병이었던 천연두를 연상시켰던 탓에 유럽 사람들은 감자를 만지기만 해도 병이 생긴다고 생각했지. 특히 영국에서 감자가 나병을 일으키는 원인이라는 소문이 나기 시작했고 유럽 전체로 퍼져 나갔어. 실제로 싹이 난 부분에는 독성분이 있어 구토까지 유발했으니 그 소문이 오죽했겠어. 게다가 심기만 하면 별 노력을 들이지 않아도 땅속에서 주렁주렁 열리니 악마의 농간이라 생각해서 '악마의 작물'이라 불리기도 했어.

프리드리히 2세가 기근을 해결하는 구황작물로 감자 재배를

장려하고 전국에 심으라는 명령을 내렸지만, 사람들의 반발은 대단했어. 농민들조차 이건 개도 먹지 않는 거라며 씨감자들을 모두 불태우며 저항했지. 그러자 고심하던 왕은 새로운 방안을 생각해 냈어. 자기 식사에 매일 감자를 이용한 요리를 올리도록 명령한 거야. 사람들은 왕이 먹는 음식이라 욕을 하진 못하게 되었지만, 여전히 먹지는 않았어. 이럴 때 만약 네가 왕이라면 어떻게 했겠니? 프리드리히 2세는 신묘한 방법을 생각해 냈어. 그리고 이렇게 선포했지.

감자는 귀족만 먹을 수 있다. 일반 농민들은 감자를 재배하지 못한다.

이제 무슨 일이 벌어졌을까? 왕은 본격적으로 왕실의 농장과 여러 밭에서 감자를 재배하며 근위병까지 세워 보초를 서게 했지. 그러자 사람들은 이제 다르게 생각하기 시작했어. 감자가 왠지 귀한 작물인 것 같고, 왕이 먹는 감자는 뭔가 다를 거라 생각해서 몰래 왕의 감자를 훔쳐 가기 시작했어. 왕은 사람들이 훔쳐 가는 것을 눈감아 주었을 뿐 아니라. 오히려 밤에는 경비를 철수시키기도 했지. 그러자 사람들은 이제 서서히 몰래 감자를 경작하기 시작하는 현상이 나타난 거야.

이제 왜 사람들이 프리드리히 2세 왕의 무덤에 감자를 올려 두는지 알겠지? 왕의 지혜로 사람들은 굶주림에서 벗어날 수 있었고 애정과 존경의 마음으로 왕에게는 '감자 대왕'이라는 애칭을 붙여 주었어.

심리학이 태동하기도 전부터 이 지혜로운 왕은 사람 마음의 원리를 파악하고 수많은 백성을 굶주림에서 벗어나도록 하기 위해 리액턴스 효과를 활용했어. 너무 기막히게 멋있지 않니?

이제 우리도 그만큼은 아니지만 아주 조금 약간의 지혜를 발휘해 보자. 자꾸 내 물건을 가져가서 장난치거나 나를 집적거리는 아이가 있다면 리액턴스 효과를 활용해 보는 거야.

우선, 가져가도 되는 정도의 필기구를 준비해. 저렴하면서도 특이해 보이는 거라면 그 친구의 흥미를 끌 수 있을 거야. 뭔가 새로운 모양의 볼펜을 본다면 늘 하던 대로 또 가져가며 널 놀리겠지. 그럴 때 돌려 달라고 쫓아가서 그 아이를 자극하지 말고, 그냥 무덤덤하게 반응하는 거야.

"그래, 가져가."

이 한마디만 하고 마치 톰 소여처럼 못 본 척, 못 들은 척하고 하던 일을 계속하는 거야. 아마 너의 반응이 달라지면 오히려 그 친구가 실망하기 시작할 거야. 다시 다가와서 다른 걸 가져갈 수도 있고 쓸데없는 말로 너를 자극할 수도 있겠지. 그럴 때 또 덤덤한 목소리로 한마디 정도면 충분해.

"갖고 놀다 제자리에 갖다 둬."

이렇게 반응한다면 그 친구는 마음이 어떨까? 분명히 싫어하며 쫓아오는 너의 반응을 기대한 아이는 뭔가 시들해지고 흥미를 잃기 시작할 거야. 아마 딱 일주일만 시도해 봐도 그 아이가 너를 자극하는 횟수가 줄어들기 시작할 거야.

이 방식은 사춘기 아이들에게 더 효과적이야. 사춘기에 접어든 청소년들은 부모에게 의존적이었던 어린이 역할에서 벗어나 스스로 권리와 책임을 주장하는 어른으로서 역할 변화를 추구하고 있기 때문이지. 그래서 청소년기에는 부모나 교사를 포함하여 어른과 기존 사회의 모든 권위에 반항하며,

스스로 성인으로서 독립적인 의사결정을 하는 것을 무엇보다 중요한 가치로 생각하게 하기 때문이야.

친구들 사이에서 흔히 일어날 수 있는 장난이 때로는 괴롭힘이 될 때가 있어. 이때 하지 말라고 거부 의사를 명확히 밝히는 것도 필요하지만, 그래도 효과가 없을 땐 꼭 이 리액턴스 효과를 활용하면 좋겠어. 잘 기억하고 지혜롭게 활용하기를 바라.

이심전심, 우정은 웃음을 타고

최근 한 달 동안 친구와 통하는 느낌으로 함께 신나게 웃었던 적은 언제였니?

만약 이 질문에 '어제도 오늘도 자주 웃었다'라는 답을 한다면 분명 너는 친구 관계를 잘 이어가고 있을 거야. 그런데 만약 한참 지난 것 같은 느낌이 들거나, 웃긴 했지만, 속이 후련하고 통쾌하지 않았거나, 반대로 친구들의 웃음소리가 불편하게 느껴졌다면 친구 관계에 어려움이 있을 뿐 아니라 심리적으로 스트레스가 많거나 불안감, 불편감이 무척 높아져 있다는 증거야. 왜 이렇게 확신하냐고? 왜냐면 웃음은 정신 건강의 가장 뚜렷한 지표거든.

마음이 불편해지면 얼굴에서 웃음이 제일 먼저 사라져. 친구와 함께 있어도 함께 웃는 일이 없다면 서서히 그 친구와는 멀어지게 될 거야. 그러니 친구 관계를 확인하기 위해서는 서로 함께 맘 편히 큰 소리로 웃는지 아닌지 점검해 보는 게 가장 쉬운 방법이야.

그런데 친구와 어떻게 웃어야 하는가 하는 의문이 든다면 걱정하지 않아도 돼. 웃음은 원래 사람이 타고난 능력이니까. 태어나서 약 12주가 되면 사람의 눈을 보며 미소 짓는 사회적 미소가 시작되고, 기분이 좋으면 저절로 웃음이 나니까 말이야. 게다가 사춘기 청소년기는 친구들과 함께 있으면 가랑잎 굴러가는 것만 봐도 웃음이 나는 시기라고 했어.

잘 웃어야 한다고 말하면 많은 사람은 자신이 유머 감각이 없다는 것을 걱정해. 그 또한 걱정하지 않아도 돼. 사람들의 웃음에 관해 연구한 메릴랜드 대학교 심리학자 로버트 프로빈Robert Provine 교수는 대학 캠퍼스에서 웃고 떠드는 학생들 1,200명의 대화를 분석해 흥미로운 사실을 발견했어.

중요한 웃음 유발요인은 농담이나 재미있는 이야기가 아니라 바로 사람이었다는 거야. 유머나 농담에 의한 웃음은 10~20퍼센트에 불과했고, 대부분의 웃음은 친구의 근황이나 자신이 겪은 일상적인 경험을 주고받을 때였어. 가장 큰 웃음이 터진 대화들을 분석해 봐도 그다지 포복절도할 내용은 아니었다고 해. 농담이나 유머를 사용한 경우에도 농담을 듣는 사람보다 말하는 사람이 1.5배 이상 더 웃었다는 거야.

어때? 특별히 말재주가 있어야 하거나 유머 감각이 좋아야 잘 웃는 게 아니라는 사실을 확인할 수 있지? 게다가 프로빈 교수는 사람이 혼자 있을 때보다 다른 사람과 함께 있을 때 30번 정도 더 웃는다는 사실도 발견했어. 혼자 있을 때보다 함께 뭔가를 공유할 때 더 많이 웃을 뿐 아니라, 한 사람이 웃으면 따라 웃게 되는 거지. 웃음도 당연히 거울 뉴런 시스템의 영향을 받아 전염성이 생기는 거야.

로버트 프로빈 교수는 이러한 연구 결과에서 웃음이 사람을 묶어 주는 사회적 접착제라는 결론을 내렸지. 요컨대 웃음은 서로에게 친밀감을 느끼게 하고 신뢰를 갖게 하며, 협동을 촉진하는 결과를 가져오는 거야. 그러니 친구를 잘 사귀고 싶다면, 먼저 웃으며 말하고, 친구의 말에 미소 짓기만 잘해도 진정한 우정을 쌓고 절친이 되는 거지.

사실 웃음은 관계에만 도움을 주는 게 아니야. 미국 인디애나주 볼 메모리얼병원의 연구 결과에서는 웃음은 스트레스 호르몬인 코르티솔의 양을 줄여 주고 우리 몸에 유익한 호르몬을 많이 분비하며, 하루 15초 웃으면 이틀을 더 오래 산다고 밝혔어.

코르티솔이란?

스트레스에 대항하기 위해 분비되는 물질로, 몸이 에너지를 만들어 낼 수 있도록 혈압과 포도당 수치를 높인다. 스트레스가 많아 과도하게 분비되면 면역력이 떨어지고 노화가 빨라진다. 기억력과 학습 능력도 낮춘다.

미국의 하버드 의학전문대학원의 건강 전문 잡지《하버드 헬스 퍼블리싱Harvard Health Publishing》에서는 웃음은 내적 조깅internal jogging이라 설명하는 미국 정신의학자 윌리엄 프라이 박사의 말에 동의하면서, 웃음은 치유의 원천을 제공하며 스트레스 호르몬을 감소시키고 기쁨, 낙관, 그리고 희망의 표현이 된다고 강조해.

그리고 무엇보다 자주 웃으면 과제나 공부에 큰 도움을 받게 돼. 다음 내용을 꼭 기억하면 좋겠어.

> 인간은 즐거운 상태가 되면, 그 기쁨은 단순히 고단한 일상을 견디게 하는 정도가 아니라 활기차게 살도록 해 주며 행복하다는 느낌을 준다. 이 상태에서 창의적 사고와 지각력, 정보처리 능력이 향상되고 신체 기능도 좋아진다. 이 상태에서 일을 하면 훨씬 더 빠르게 일을 처리할 뿐만 아니라 결과물도 더 우수해진다.
> — 서던캘리포니아 대학교, 안토니오 다마지오Antonio Damasio 신경학과 교수

웃음은 심리적 건강의 지표가 되기도 해. 상담실에 오는 아이들은 기질도 다르고 살아온 경험도 모두 다르고 심리적

어려움의 종류도 다양해. 그런데도 모두에게 공통점이 있어. 바로 잘 웃지 않는다는 점이야. 원래 어린아이는 평균 200~400번쯤 웃는다고 해. 아이들은 하루 동안 그렇게 많이 웃는 게 정상이고, 그렇게 웃어야 아이의 마음이 건강하게 자라는 거지. 그러니 웃음이 사라진다는 것은 심리적 현상의 심각함을 보이는 첫 번째 현상으로 볼 수 있어.

그런데 그보다 더 심각한 문제도 있어. 누군가가 나를 보고 웃으면 비웃음으로 인식하고 두려움이 생기는 '웃음 공포증'이야.

웃음 공포증이란 다른 사람의 웃음을 나에 대한 비웃음으로 느끼고 과민하게 반응하는 거야. 실제 웃음 공포증이 있는 사람은 웃은 소리를 들으면 갑자기 무표정해지고, 의식적으로 행동하려 하다 오히려 부자연스럽게 행동하기도 해. 이런 증상이 있는 아이는 심지어 녹음된 웃음소리를 들려주어도 심장박동수가 낮아지고 얼어붙는 반응을 보이기도 해. 그리고 자신을 놀린다는 생각에서 회복되는 데 시간이 오래 걸려.

즉, 웃음 공포증 증상이 있으면 상관없는 다른 사람들의 웃음까지도 자신에 대한 비웃음으로 느끼고 과민하게 반응하게 되고 스스로 더 위축되고 주눅 들고 긴장된 상태가 이어지는 거지. 특히 청소년기는 모든 사람이 나를 보고 있는 듯한 자의식이 강해지는 시기야. 그래서 타인이 나에 대해 평가하는 것에 예민해지고, 그게 나에 대한 비웃음일까 걱정하며 예민하게 반응하는 거지.

그렇다면 이런 증상이 생기는 이유가 뭘까? 바로 놀림당한 경험이야. 실제 웃음 공포증이 있는 아이들을 조사했더니 다른 아이들보다 놀림을 훨씬 더 많이 당했다는 연구 결과가 있어. 그러니 친구를 웃으면서 놀리고 그 아이가 화를 내면 장난이라고 말하는 건 정말 문제가 있어.

만약 그런 증상이 있다면 이제 스스로 웃음에 대한 인식을 바꾸어야 해. 실제 아이들은 많이 웃어. 청소년기의 웃음을 가랑잎이 굴러가기만 해도 웃는 나이라 했어. 그래도 친구들의 웃음이 진짜인지 아닌지 구분이 어렵다면 걱정하지 마. 진짜 웃음과 가짜 웃음을 구분하는 방법이 있어.

생리학자인 뒤셴 드 블로뉴Duchenne de Boulogne는 진정으로 행복한 미소는 입과 볼 근육이 아닌 눈 근육이 움직일 때

지어진다는 사실을 발견했어. 입 주위 근육과 눈 주위 근육이 복합적으로 작동하는 웃음이 진짜 웃음이야. 학자의 이름을 따서 진짜 웃음을 '뒤센 웃음'이라고 해. 그래서 진짜 웃음을 지을 땐 눈가 부분에 잔주름이 생기게 되지. 눈 주변의 근육은 의지를 따르기보다는 진정한 감정에 의해서만 작동되기 때문이야. 입 둘레 근육을 사용해 입꼬리만 올라가는 웃음은 '사교적인 웃음 혹은 가짜 웃음'이야. 이 사실만 알아도 친구의 웃음이 진짜 웃음인지 구분할 수 있을 거야.

정리하자면 웃음은 스트레스를 해소하고 새로운 힘과 에너지를 주며, 친구 간의 유대관계를 형성하는 데 도움을 주고, 자주 웃으면서 말하면 친밀감이 생겨서 더욱 사적인 대화를 할 수가 있게 되는 거지. 참, 심리학 실험에 따르면, 이성 간의 관계에서도 남자는 웃고 있는 여자에게 더욱 끌리고, 여자는 그들을 잘 웃게 만들어 주는 남자에게 더욱 관심을 보인대. 이 정도는 알아두면 좋겠지?

우리는 갈등이
두렵지 않아

중학교 1학년 서진이의 고민이야.

학교에서 수련회를 가게 되었어. 모두 열한 명의 여학생이
방 두 개를 나누어 사용해야 해. 담임 선생님은 여섯 명, 다섯
명 이렇게 나누어 쓰라고 말씀하셨어. 그런데 서진이와 친한
아이들은 모두 일곱 명이거든. 일곱 명이 찢어져야 하는 거야.
아이들은 선생님께 가서 좁아도 좋으니 일곱 명이 같은 방을
쓰게 해달라고 졸랐지만, 선생님은 절대 안 된다고 하셨지.

어쩔 수 없이 일곱 명의 친구가 모여서 이 문제를 의논했어. 서진이는 가위바위보로 뽑자고도 제안해 보고 한 명이 양보하자는 제안도 해보았지만, 대화를 나누면 나눌수록 아이들은 친구들과 떨어져 방을 쓰는 일을 마치 지옥문에 들어가는 것처럼 싫고 끔찍하게 느끼는 것 같았어. 사실 다른 네 명 중에 두 명은 둘이 친구들 뒷담화를 한 일이 발각되어 모두가 싫어하고, 또 나머지 두 명은 제각각 친구 없이 혼자 지내는 아이들이라 존재감이 없고 이야기를 나누어 보지도 않아서 어색한 사이거든.

서진이는 특히 이 문제로 고민이 많았어. 평소 리더 역할을 해서 다른 아이들은 서진이가 뭔가 좋은 방법을 말해 주기를 기다리는 분위기야. 하지만 어떻게 해야 좋을지 난감했어. 자기가 양보하기도 싫었고, 누군가에게 요구하기도 어려웠지. 가위바위보로 뽑자고 해도 모두 자기가 걸릴까 봐 거절하는 아이들이니 말이야.

너라면 이 문제를 어떻게 해결할 것 같니? 사실 비슷한 갈등 상황은 참 많이 일어나. 그러니 이런 갈등 상황에서 어떻게 해결할지 미리 생각해 본다면, 앞으로의 관계에서 생기는 크고 작은 문제들을 잘 해결할 수 있을 거야.

마지막 장에서는 다음과 같은 이야기를 나눠 보려고 해

1. 나는 잘 거절하며 살고 있을까?

2. 친한 친구라면 모든 걸 함께해야 하는 걸까?

3. 갈등이 생겼을 때 서로 상처받지 않고 사이좋게 해결

하는 방법이 있을까?

똑 부러지게 거절하는 것도 중요해

(   ) 좀 빌려줘.

(   ) 좀 해 줘.

(   ) 좀 보여 줘.

혹시 저 세 문장 중에 친구들에게 자주 듣는 말이 있니? 만약 있다면 괄호 안에 어떤 내용이 들어가니? 아마 간단한 학용품을 빌려 달라는 말부터 시작해서 돈 빌려줘, 노트 필기 보여 줘, 핫스팟 공유해 줘 등등 많을 거야. 그런데 요즘은 여기서 더 나아가 이름(명의)을 빌려 달라고 요구하는 경우도 많아. 게임이나 당근마켓 같은 앱을 사용하기 위해 아이디를 빌려 달라고 요구하는 친구도 있지.

이럴 때 어떻게 하니? 당연히 빌려줘도 된다고 생각한다면 마음이 불편하진 않을 거야. 하지만, 싫은데도 거절하지 못하고 자꾸 빌려주다간 결국 호구라는 인식이 생겨서 친구들에게 계속 이용당하게 되는 경우도 많아. 그 정도 되면 이제 자신이 진짜 친구가 아니라 필요할 때 써먹는 존재처럼 여겨지기 시작하지. 무례한 요구를 계속하는 그 아이 때문에 마음이 굉장히 불편해질 뿐 아니라 옆에서 막아주지 않는 아이들, 오히려 동조하는 듯 나를 이용하는 것 같은 친구들에게 배신감을 느껴 무척 힘들어질 수도 있어.

만약 이런 경험이 있다면 왜 이런 일이 벌어졌는지 먼저 생각해 봐야 해. 자꾸 나에게 부탁하고 그 부탁이 점점 커지는 친구들도 문제지만, 사실 더 큰 문제는 따로 있어. 바로 '친구의 부탁이나 요구가 싫을 때 거절할 줄 아는가?'의 문제야. 한마디로 '싫을 때 어떻게 대처하는가?'가 핵심인 거지.

혹시 한 번이라도 거절하려면 가슴이 두근거리고 걱정이 몰려와 차라리 요구를 들어주는 게 더 마음이 편하다고 생각하니? 만약 싫은 걸 억지로 참고 응해 준 경험이 많이 있었다면, 친구를 원망하기 전에 나에 대해 먼저 고민해 보아야 해.

자꾸 요구하는 아이들이 처음부터 나쁘기만 한 건 아니었어. 왜냐면 그냥 가볍게 부탁했는데 네가 부탁을 들어주었고, 심지어 기분 좋게 빌려주는 것 같았기 때문이지. 그런 일이 여러 번 반복되다 보면 이제 네 학용품은 어느새 친구들 모두의 물건처럼 사용될 수도 있어. 친구들도 이런 현상의 문제점을 느끼기보다 그냥 필요할 때 도움이 되니까 계속하는 거지. 물론 친구들도 자신이 너무 심하다고 생각하고 멈추어 주면 좋겠지만, 아직 그런 판단력과 조절력을 키우지 못했기 때문에 그저 한 번 생긴 흐름을 생각 없이 따라간다고 이해할 필요가 있어. 물론 그중에는 진짜 악의적으로 널 이용하는 아이도 있을 수 있고. 그럴 때 꼭 배워야 할 것이 바로 거절하기야.

이제 나에 대해 먼저 생각해 보자. '나는 거절할 줄 아는가?' 거절하기가 쉽지 않지? 이제 앞으로 거절을 잘하기 위해 '거절 못 하는 두 가지 심리적 이유'를 알아야 해.

첫째는 착한 사람 증후군이야. 무조건 착해야 한다는 잘못된 신념을 가진 경우이지. 어려서부터 부모님뿐만 아니라 주변 어른들 모두 착한 것을 강조하지. 그러다 보면 무조건 나를 희생하고 착해야 한다는 잘못된 가치관을 가질 수도 있어. 그래서 헌신과 희생을 최고의 가치로 두는 사람은 아낌없이 주고도 스스로 만족감을 느낄 수도 있어. 하지만, 나를 챙길 줄 모르고 남을 먼저 위하는 건 자신에게 위험한 일이야.

착한 행동에 대한 심리적 보상을 받고 싶은 마음은 누구에게나 있어서 나도 모르게 '착하다', '고맙다', '훌륭하다' 등의 반응을 기대하는 거지. 하지만 처음엔 고마워하던 사람도 착한 사람의 선행을 어느새 당연하게 생각하기 시작해. 그러다 어쩌다 거절하면 요새 변했다는 둥, 왜 그러냐는 둥 말도 안 되는 항의를 하기도 하니 말이야.

둘째, 요구 특성 효과라는 심리적 현상 때문이야. 미국 펜실베이니아 대학교 심리학자 마틴 오른^{Martin Oren}은 심리학 실험을 할 때 피험자가 무의식적으로 실험자가 요구하는 대답을 하는 현상이 있음을 발견했어. 시키지 않았는데도 실험자 의도대로 행동하는 현상 때문에 실험 결과의 신뢰도가 떨어지는 현상을 발견하고 요구 특성 효과^{Demand Characteristics}라고 이름 붙였어. 이는 많은 사람들이 대인관계에서 가진 특성이기도 해. 다른 사람과 대화할 때 무의식적으로 다른 사람의 심리에 동조하는 현상이야.

이게 공감 능력이기도 하지만, 공감에 머무는 것이 아니라, 상대의 의도에 따라 나의 행동을 결정하게 된다는 사실이 문제야. 이렇게 무의식적 동조 현상이 일어나면 상대가 나에게 요구하는 대로 행동해야 할지. 아니면 나 자신의 의지대로 행동해야 할지 결정해야 하는 압박감을 느끼게 되는 거야. 넌 어때? 네 마음속에서 비슷한 현상을 느낀 적이 있니?

친구의 요구가 부당할 때 화가 나. 그런데 착한 사람, 거절 못 하는 사람은 그 화조차 표현하지 못하고 그냥 삼키지. 그 분노는 이제 자신에게로 향하게 되는 거야. 말도 제대로 못 하고, 거절할 줄도 모르고, 화가 나는데 화를 표현하지도 못하는 자신이 너무 싫어서 자괴감, 자기혐오, 피해의식이 생기게 되지. 그런 부정적 감정들을 누르고 참다 어느 날 불쑥 엉뚱하게 폭발하거나 가장 사랑하지만, 화를 내도 안전한 것 같은 엄마나 동생 등 만만한 사람에게 폭발하게 돼. 어때? 혹시 이렇게 거절 못 하고 화를 참기만 하다 폭발한 적이 있다면 이제 거절하는 법을 배워 보자.

먼저 친구 모델링이야. 인기 있으면서도 거절을 잘하는 친구가 있을 거야. 그 친구의 말과 행동을 모방해서 따라 해봐. 조심할 점은 그 친구의 거절 방식이 거친 말과 행동일 수도 있어. 그런 걸 따라 하면 안 돼. 똑같은 말도 하는 사람에 따라 괜찮을 수도 있고 기분 나쁠 수도 있으니 말이야. 모델로 선정한 친구의 성숙한 표현, 누구에게 말해도 괜찮을 것 말을 골라서 써 보기를 바라.

다음으로는 어쩔 수 없는 척 거절하기야. 나는 정말 들어주고 싶지만 어쩔 수 없이 거절하는 이유를 말해. 그 이유로 '부모님의 통제'나 '돈이나 시간이 없어서', '내가 능력이 없어서'라고 말해. 네 부탁을 들어주면 부모님께 혼난다는 대답에 친구는 마마보이(걸)이냐고 비난할 수 있어. 사실 이런 비난을 장난으로 할 수는 있지만, 뭔가를 부탁하는 아이가 거절하는 사람에게 이런 비난을 하는 건 옳지 않아. 처음부터 진정한 친구가 아니었을 수 있어. 그러니 이참에 진짜 친구인지 구별할 수도 있을 거야.

요구에 대해 협상할 수도 있겠지. 무리한 요구라서 못 들어 주는 경우, 예를 들어 만 원을 빌려 달라고 하는 데 이는 부담스러워. 빌려줬다가 못 받을 수도 있고 공연히 불편한 일이 생길 수 있으니 말이야. 이럴 땐 만 원은 안되고 3,000원까지는 빌려줄 수 있다는 정도로 협상하는 것도 좋은 방법이야. 친구가 문간에 머리 들이밀기 기법을 쓰는 건 아닌지도 생각해 보면 좋겠어. 알아야 상황을 조절할 수 있으니 말이야.

"잠깐만, 생각 좀 해볼게"라는 말로 시간을 벌어도 좋아. 거절하고 싶은데 말이 안 나올 경우 꼭 필요한 말이야. 친한 친구 사이라 거절하면 관계가 멀어질까 봐 걱정될 때도 필요한 말이지. 그래야 천천히 생각한 뒤 어떤 말로 어떻게 거절할지 정리해서 차분히 말할 수 있어.

마지막으로 "친구 사이에 거절도 못 하냐!"라고 말해 봐. 부탁을 거절하니 "친구가 이것도 못 들어주냐?"라고 따지는 아이가 있다면 꼭 해주어야 하는 말이야. 친구니까 모든 부탁을 들어주어야 한다는 건 정말 잘못된 개념이야. 하지만 의외로 친구 사이에 이것도 못 해주냐는 말을 모두가 하고 있어. 이런 경우가 생기면 정말 꼭 해야 할 것이 '뒤집어 생각하기'야. 진짜 친구 사이라면 거절도 할 수 있어야 하는 게 정상이잖아.

핵심은 제대로 거절해도 별문제가 생기지 않는다는 사실이야. 만약 거절했다고 친구 관계가 멀어진다면 그건 처음부터 친구가 아니었을 거야. 거절하는 방법을 잘 활용하면 당당하고 자신감 있는 우정 생활을 잘해 나갈 수 있다는 사실을 꼭 기억하기 바라.

전부 함께하지 않아도 좋아

A: 판타지 영화 보러 가자.

B: 난 그 영화 별로야. 안 가고 싶어.

이 대화에서 어떤 마음이 드니? 둘이 친한 친구이고 한두 번 이런 상황이면 누군가 양보해서 함께 영화를 볼 수 있겠지. 하지만 이런 일이 계속 생긴다면 어때? "분명히 전에 내가 너한테 맞췄으니까 이번에는 네가 내 뜻대로 해 줘야지!" 하며 갈등이 생길 거야. 분명히 친한 친구이고 마음이 잘 통한다고 생각했는데 왜 이런 일이 생길까?

바로 '친한 친구'라는 개념을 잘못 이해했기 때문이야. 나와 말이 잘 통하는 친구가 있으면 하루가 즐거워. 그런데 우리가 가진 '친한 친구'라는 개념에는 잘못 생각하는 부분이 있을 수 있어. 바로 나랑 친하면 모든 걸 함께해야 한다는 착각이야.

한번 생각해 봐. 아무리 친하고 서로 잘 통하는 친구라 해도 관심, 취미, 좋아하는 운동이나 음악, 영화나 이런 것에 대해 모두 비슷하게 잘 맞는 친구가 있을 수 있을까? 서로 좋아하는 친구지만 한 명은 힙합이 좋고 친구는 트로트를 좋아할 수 있잖아. 나와 완전히 잘 통하는 친구는 사실 불가능해. 그런데도 우리는 이상하게 친한 친구랑 모든 걸 함께해야 한다고 생각하고 그렇게 하길 바라지.

어떤 영화를 보러 가자고 말했을 때 친구가 싫다고 하면 '이 친구는 이런 영화에 취미가 없구나'라고 생각하면 되는 거야. 그게 아니라 '얘는 왜 내가 뭘 하자고 하면 자꾸 싫다고 하지? 내가 뭘 잘못했나? 나한테 서운한 게 있나? 나를 싫어하나?' 하며 엉뚱한 걱정을 하는 경우가 많아.

입장을 바꿔 생각해 보면 아주 쉬워. 나도 아이돌 가수를 좋아하긴 하지만, 콘서트는 너무 시끄럽고 사람이 많아서 가기 싫어하는데 친구가 좋아하는 아이돌 콘서트를 함께 보러 가자고 하면 어떨까?

꼭 가고 싶지도 않고, 비용도 비싸고, 부모님이 허락해 줄 것 같지도 않으니 나는 거절할 수밖에 없을 거야. 그런데 거절하면서도 마음이 불편해. 혹시 친구가 서운해서 사이가 멀어질까 걱정되기도 하지.

　그런 마음이 든다면 필요한 건 애초에 친구라는 개념을 좀 다르게 생각하는 거야. 친한 친구와 모든 걸 함께하는 건 불가능해. 그런데 만약 나랑 영화 보는 취미가 같은 친구, 함께 숙제하는 친구, 함께 산책하기 좋아하는 친구, 함께 가만히 앉아서 수다 떨기 좋아하는 친구, 시험 때 스터디 카페에서 함께 공부하기 좋은 친구, 이렇게 친구 개념을 다양하게 생각해 보면 어떨까?

　베스트 프렌드와는 모든 걸 함께해야 하고 함께하지 않으면 배신이라는 편협한 고정관념이 오히려 친구 관계를 힘들게 하는 경우가 너무 많아. 원래 베스트 프렌드는 서로 뜻이 잘 맞으며 매우 친한 친구를 이르는 말이야. 그런데 모든 면에서 서로 뜻이 잘 맞는 친구는 거의 없어. 그러니 베스트 프렌드의 의미를 좀 더 유연하고 융통성 있게 한번 생각해 봐.

　이제 네가 친구와 함께하고 싶은 활동의 목록을 10개 정도 적어 봐. 그리고 가능한 친구 이름을 적어 봐. 단, 친구도 이 활동을 좋아한다고 생각될 때 이름을 적어야 해. 그 친구가 썩 좋아하지는 않지만 내가 요구하면 거절하지 않을 거라는 친구를 적고 싶다면 ( )로 표시하기를 바라.

	함께하고 싶은 활동	가능한 친구
1	숙제, 시험공부 하기	
2	쇼핑하기	
3	놀이공원 가기	
4	노래방 가기	
5	산책하기	
6	농구하기	
7	댄스 동아리 가입하기	
8	게임 하기	
9	내가 좋아하는 영화 보기	
10	가만히 앉아 각자 책 읽기	

어떠니? 모든 활동을 함께할 수 있는 친구가 있니? 아마 없을 거야. 아무리 베스트 프렌드라도 모든 걸 함께하기는 어렵고, 그건 나 자신도 마찬가지니 말이야.

만약 친한 친구 그룹이 다섯 명이라고 생각해 봐. 가끔 여기서 갈등이 생기는 경우가 바로 둘만 따로 만나는 경우야. 그걸 미리 말하지 못하고 둘만 만난다면 다른 친구들이 서운해하면서 갈등이 생기고 그러다 사이가 멀어져 그룹이 깨지고 외톨이가 되는 경우도 있어. 이럴 때 친구들과 모두 함께 대화를 나누어 보기를 바라. 서로 친하지만 각자 좋아하는 활동이 다르니 쇼핑을 갈 때는 쇼핑을 좋아하는 아이들끼리, 영화 보기나 춤 추기를 좋아하는 아이들끼리 따로 할 수 있잖아. 그래도 서로 서운해하지 말자는 약간의 약속만 있어도 갈등이 엄청나게 줄어들 수 있어.

물론 사춘기 때는 내가 별로 좋아하지 않는 활동도 친구따라 함께 참여하길 좋아해. 그런 경우에도 최소한 이런 대화를 미리 나눈다면 그 친구나 내가 우리의 관계를 위해 좋아하지 않는 걸 참으며 함께했다는 사실이 우정을 키워 줄 거야.

참, 친구와 꼭 함께하기를 권하는 활동이 있어. 숙제와 산책이야. '혼자 공부'와 '함께 공부' 중에 어떤 방법이 더 기억에 도움이 될까? 로템 자르 아슈케나지Rotem Saar-Ashkenazy 신경과학 교수팀은 집단행동이 개인행동보다 더 선명하게

223

기억에 남는다는 사실을 증명했어. 실험은 단순해. 참여자는 눈앞에 계속 표시되는 단어를 분류하는 거야. 여러 단어를 보고 종류별로 분류하는데, "동물이 나오면 누르시오"라는 지시를 듣고 버튼을 누르면 되는 거지. 실험은 한 사람, 혹은 두 사람씩 짝을 지어 참여했어. 두 사람이 같이할 경우에도 각자 다른 분야를 나누어 맡아야 해. 참가자들은 쉬지 않고 96개의 단어를 분류하고 난 다음 몇 개의 단어를 기억하고 있는지 확인했어.

흥미로운 점은 자신이 맡은 단어는 혼자 하든 둘이 하든 기억에 별 차이를 보이지 않았어. 그런데 재미있는 사실은 같이 참가한 사람들은 자신의 것보다 동료가 담당한 단어를 두 배나 더 기억했다는 거야. 함께 작업하면 더 많이 기억한다는 게 증명이 된 거지.

여기에 추가로 암기한 단어의 수만큼 상금을 지급한다고 하자, 자신의 담당한 분야의 단어를 더 많이 기억했어. 하지만 친구의 단어를 더 많이 기억하진 않았지. 즉, 집단으로 함께 기억하는 작업은 보상과 상관없이 작동한다는 사실도 확인할 수 있어.

예일 대학교 관계심리학자 에리카 부스비^{Erica Boothby} 교수 팀은 초콜릿을 혼자 먹는 것과 친구와 함께 먹는 것에 대한 재미있는 실험을 했지. 같이 먹어도 대화를 나누지 못하는 상황으로 설정했어.

그럼에도 불구하고 대다수 참여자가 둘이 먹을 때 더 맛있었다고 대답했어. 반대로 엄청나게 쓴 초콜릿을 제공했을 때는 둘이 먹을 때 더 쓰게 느껴졌다고 했어. 대화를 나누지 않고 함께 있기만 해도 긍정적 감정이든 부정적 감정이든 더 강렬해진다는 것을 알 수 있지.

코로나가 한창일 때 '줌 독서실'이 유행한 이유를 이제 알겠지? 그냥 혼자 책상에 앉아서 공부하기보다, 누군가 함께한다는 사실이 훨씬 더 기억에도 감정에도 긍정적인 영향을 준다는 사실을 꼭 기억하기를 바랄게.

누이 좋고 매부 좋고, 너도 좋고 나도 좋고

자, 그럼 이번 장을 시작할 때 보았던 서진이 이야기를 다시 볼까? 친한 친구는 일곱 명인데, 수련회 방은 다섯 명, 여섯 명씩 들어가야 해서 누군가는 떨어져야 하는 상황이었어.

우선, 왜 일곱 명의 친구는 다른 아이들과 방을 쓰기 싫었을까를 먼저 생각해 보자. 물론 싫은 친구, 어색한 친구와 함께 2박 3일 동안 방을 쓰는 건 불편할 수 있어. 그게 큰 이유일 거야.

그런데 더 큰 이유가 따로 있었어. 누구 한 사람만 무리에서 떨어져 나와 생활하게 된다면 그 사이 나머지 여섯 명끼리 더 친해질 수도 있으니까. 그러다 그 무리에서 떨어져 나가게 되는 건 아닐까 하는 두려움을 모두 느꼈던 거야. 어쩌면 한 명만 분리되는 그 순간이 버림받는 것으로 느껴질 수 있다는 거지.

새로 어울리게 되는 아이들과도 이런저런 얘기를 나누다 보면 새롭게 알게 되는 면도 있고, 친구 관계가 더 넓어질 수도 있는데 그런 일은 생각하고 싶지도 않아. 그냥 나만 소외되었다는 생각이 드는 순간, 부정적 감정에 휩싸여 새로 방을 같이 쓰게 될 친구들과 새로운 연결은 불가능해지고 더 불안하게 느껴지는 거지.

사실 일곱 명의 친구가 진짜 친하다면 서로에게 믿음이 있었을 거야. 혹시 떨어져 지낸다 해도 서로를 챙겨 주는 마음이 있었을 테고. 그런데 지금은 그런 마음보다 모두가 서로 떨어져 나가는 것에 대한 두려움이 더 크다고 볼 수 있지.

그런 마음을 느끼는 이유도 있어. 대부분 친구와 친했다가 멀어진 경험, 믿었던 친구가 소문을 내서 배신당하는 경험을 한 적이 있어서 서로 친하지만 불안했던 거야. 그러니 이 상황에서 누가 양보하지 않는다고 또는 나머지 아이들을 싫어한다고 비난할 문제는 아닌 것 같아. 그렇다면 이제 좀 더 지혜로운 방법을 생각해 보자.

새로운 방법을 찾을 때 가장 중요한 원칙이 한 가지 있어. 나에게도 좋고 다른 친구에게도 좋은 방법이야. 이걸 바로 '윈-윈Win-Win 법칙'이라고 해. 특히 갈등 문제를 해결할 때는 나에게만 좋고 상대에게는 불편하고 힘든 방식으로 해결하는 방법은 한 사람은 이기고 다른 사람은 지는 '승패의 방법'이라고 해. 많은 경우 갈등이 생겼을 때 별생각 없이 내가 이겨야 한다는 마음으로 접근하다 문제가 더 커지고 친구 관계가 끊어지니까 말이야.

이제 윈-윈 법칙을 적용해 갈등 문제를 해결해 보자. 서진이에게 문제 해결의 단계를 설명해 주었어.

준비 단계: 종이와 필기구 준비

1단계 : 서로 원하는 것 찾기

2단계 : 브레인스토밍으로 해결책 찾기

3단계 : 해결책들에 대해 서로 의견 표현하기 (O, X)

4단계 : 해결 방법 선택하기

5단계 : 해결 방법에 대한 주의점을 의논하기

서진이는 이 과정을 친구들과 그대로 적용해 보았어. 먼저 A4 용지와 볼펜을 준비하고 친구들에게 말하기 시작했어.

서진: 얘들아, 우리 가위바위보로 정하는 것도 싫고 누가 양보하라고 강요하는 건 아닌 것 같아. 서로 의견을 내서 모두가 동의하는 방법을 찾아보자. 우리의 목표는 누구도 서운하지 않게 방을 배정하는 거야. 어때? 모두 동의해?

친구들: 좋아.

서진: 일단 모든 의견을 다 말해 보자. 단, 다른 친구가 말할

때 평가하면 안 돼. 말도 안 된다거나 이런 반응하지 않기야. 엉뚱해도 좋고, 말이 안 되어도 좋아. 일단 다 말하는 거야. 시작!

서진이는 표를 만들어 아이들의 의견을 적기 시작했어. 처음 말했던 의견도 기록했어.

	해결책	A	B	C	D	E	F	서진
1	가위바위보로 정한다.							
2	한 명이 양보한다.							
3	두 명이 간다.							
4	세 명, 네 명으로 나눈다.							

그런데 재미있는 일이 벌어졌어. 처음엔 1번과 2번 두 가지 방법만 나왔잖아. 그런데 누군가 '두 명이 간다'라는 의견을 내자마자 다른 아이가 4번 의견을 말한 거야.

서진이는 그 순간 아이들의 표정이 너무 재미있었대. 모두가 놀란 토끼 눈으로 '아! 그런 방법이 있었구나'라는 표정이었거든. 그래도 그다음 단계인 O, X 표시를 해야 해. 서로 의견을 표시하는 데 △는 없어. O, X로만 표시하고, 뭔가 수정해서 제안하고 싶다면 그것도 방법 중의 하나로 기록하면 돼.
아이들 모두 O, X를 표시한 결과는 다음과 같아. 정말 명쾌한
결론이었어.

	해결책	A	B	C	D	E	F	서진
1	가위바위보로 정한다.	X	X	X	X	X	X	X
2	한 명이 양보한다.	X	X	X	X	X	X	X
3	두 명이 간다.	X	X	X	X	X	X	X
4	세 명, 네 명으로 나눈다.	O	O	O	O	O	O	O

모두 함께 '뒤집어라 엎어라'를 여러 번 즐겁게 진행하면
서 세 명, 네 명을 정했어. 정말 즐거운 과정이었어.

이제 가장 중요한 마지막 단계야. 이 방법에서 주의할 점
은 뭐가 있을까? 별로 없었지. 모두 한 가지 의견으로 통일이
되었어.

서로 방에서 있었던 일들 함께 모여서 이야기해 주기.

이제 더 불만도 없고 그야말로 수련회가 기대되기만 했어. 그런데 한 아이가 조금 망설이더니 이런 말을 꺼내.

"그런데 그럼 각 방에 있는 다른 두 명은 어떡하지? 우리끼리만 친하면 걔들은 너무 이상할 것 같아. 나도 불편하고."

이 말에 모두 조용해졌어. 정말 미처 생각하지 못한 문제였거든. 그저 친하지 않으니 상관없다고 생각했는데 막상 이 질문을 들으니 그런 마음이 들기 시작했어. 그렇다고 별로 좋아하지 않던 아이들과 어울리는 건 싫은 마음도 들었지. 말을 꺼낸 아이가 계속 말했어.

"그냥 교실에서 지낼 땐 상관없었는데, 수련회 방에서 그러는 건 좀 아닌 것 같아. 어떻게 하면 좋을까?"

새로운 문제에 대한 '윈-윈 해결책'이 필요하게 된 거지. 어떤 방법이 떠오르니? 이 책을 다 읽었다면 좋은 해결책, 실수했던 친구에 대한 여유로운 마음이 들지 않니? 몰랐던 친구를 알아가는 새로운 경험으로 다르게 생각하는 힘도 생길 것 같아. 만약 이 문제에 대한 좋은 해결책을 찾아간다면 앞으로 어떤 친구 관계에 문제가 생겨도 충분히 해결할 능력이 생겼다는 의미일 거야.

사실 이 상황은 세 가지 입장으로 나누어져 있어. 첫째, 서진이와 친구들, 둘째, 뒷담화하는 실수로 소외된 두 명, 셋째, 사회성이 부족해 친구를 사귀지 못한 두 명. 넌 지금 어떤 상황에 속해 있니?

다행히 지금 어울리는 친구가 있다고 해도 우리는 어떤 상황에도 처할 수가 있어. 그러니 '난 친구가 있어서 다행이다'라는 생각에 머물지 말고 '만약 내가 두 번째나 세 번째 상황이라면 어떻게 할 수 있을까? 어떤 도움이 필요할까?'라는 생각도 할 수 있으면 좋겠어. 그래서 내 마음속에서 친구 세상을 미리 넓혀 놓아야 현실의 친구 관계도 더 넓고 깊어질 수 있으니 말이야.

여기까지 다 읽었다면 이제 당당하고 여유로운 '말잘러', 행복한 우정 생활을 만끽할 수 있는 친구 관계 능력자가 되어 있을 거야. 앞으로 너의 생활이 풍요로운 친구 관계로 더 성숙하게 잘 발전하길 응원할게.

TIP

질풍노도 열네 살을 위한 깨알 법 상식

다음 상황을 보고 솔직하게 판단해서 O, X를 표시해 보자.

1. 친구가 장난으로 다른 친구 물건을 훔치는 데 망을 봐 달라고 해서 잠시 서 있었다. 자신이 훔친 것도 아니고 장난이니 무죄다. (O, X)

2. 화장실에서 싸움이 났길래 때리는 아이 옆에서 보고 있었다. 구경만 했으니 무죄다. (O, X)

3. 어떤 친구가 날 기분 나쁘게 힐끔 쳐다봐서 "야! 왜 째려봐!"라고 소리치며 손목을 꽉 잡아 한 번 흔들었다. 이 정도는 폭행이 아니다. (O, X)

4. 어떤 애가 자꾸 시비를 걸길래 우리 반 싸움 짱에게 농담으로 "걔 보면 좀 때려 줘"라고 말했다. 그런데 걔가 진짜로 그 친구를 불러 주 먹으로 얼굴을 때렸다. 나는 장난으로 말했으니 무죄다. (O, X)

5. 친구에게 돈을 언제까지 갚겠다고 말하지 않고 몇 번 돈을 빌려 달라고 했다. 아직 갚지 않았지만 갚을 것이므로 무죄다. (O, X)

질문에 너는 어떤 답을 골랐니? 236쪽의 정답을 확인해 봐.

정답을 확인했니? 확인하고 난 뒤에는 무슨 생각이 드니? 모두 법을 어기는 행위라는 사실이 놀랍게 느껴지니? 만약 하나라도 '이 정도는 장난이고, 괜찮지 않나?' 하는 생각이 든다면 지금부터는 전혀 다르게 생각할 수 있어야 해. 준법 의식이 아직 제대로 발달하지 않은 건 아닌지 점검해 보아야 한다는 뜻이니까. 더 자세히 설명해 줄게.

1. 망을 보는 행위는 공동정범, 즉 공범으로 해석된다. 이 경우 특수절도(2인 이상 절도)에 해당한다.

2. 밀폐공간에서 지켜보는 행위는 암묵적으로 동조한 것으로 여겨진다. 상대방이 공포심을 느끼게 하고 저항 의지를 포기하게 하므로 집단폭행이 된다.

3. 팔목을 한 번 세게 잡았다고 하더라도 친구에게 힘을 쓰는 것 자체가 폭행이다.

4. 친구에게 부탁하여 때리도록 한 경우에는 폭행을 부추긴 것이 된다. 이 경우 폭행교사범이 된다.

5. 상대방이 위협을 느끼는 상황에서 금품을 갈취한 것이 된다. 공갈
죄가 성립한다.

이런 일로 경찰서까지 가게 된 아이들이 하는 말이 실제로 정말 비
슷해. "장난이었어요. 다른 애들도 다 그래요." 하지만 비겁한 변명일
뿐이야. 혹시 이런 행동이 문제가 되는 줄 몰랐다 해도 잘못에 대한
처벌이 달라지지 않아. 그리고 그런 행동을 하는 아이들을 자주 접할
수는 있겠지만 절대 모든 아이가 다 그렇지 않다는 사실도 기억하길
바라.

청소년기는 질풍노도의 시기야. 질풍노도는 '강한 바람과 성난 파
도'라는 뜻이지. 감정 변화를 급격하게 느끼는 청소년기에 크고 작은
사건에 휘말리다 보면 자칫 나의 삶의 방향이 엉뚱한 곳으로 향할 수
도 있어. 그러니 내 삶을 건강하게 잘 지키기 위해 준법 의식을 기르
는 일이 너무 중요해. 올바른 길로 향하고 있다면 남들보다 조금 느린
건 전혀 문제 되지 않아. 결국에는 나의 목표에 다다를 테니 말이야.

1. 빛나는 청소년기가 친구로 인해 더 환해질 수도 있고, 우울해질 수도 있어. 친구가 중요하지만 너무 크게 흔들리지 않으려면 어떻게 하면 좋을까?

2. 친하던 친구가 점점 변해 가기 시작해. 학교생활도 공부도 불성실해지고. 무엇보다 '노는' 아이들과 어울리기 시작하는 것 같다면, 내가 어떻게 도와줄 수 있을까?

정답: 1.X, 2.X, 3.X, 4.X, 5.X

빛나는 너의 사춘기를
응원해

이 책은 아동 청소년 심리 전문가가 친구에게 끌려다니고 휘둘렸던 사춘기 시절 내게 들려주고 싶은 이야기이기도 해.

친구에게 말 한마디 잘못한 것 같아 2박 3일 혼자 고민했던 적도 있고, 친한 친구가 다른 아이와 친하게 지내는 모습을 가슴 아프게 지켜봐야 했던 적도 있지. 같이 노는 게 너무 즐거워서 과하게 행동하다가 핀잔 듣고 쭈그러들었던 기억, 친구 관계로 상처받고 고민하던 기억이 아직도 생생해.

특히 친한 친구의 부담스러운 요청을 거절하지 못했던 모습은 지금 생각해도 속이 답답한 느낌이야. 청소 당번인데 기다려 달라는 친구의 부탁에 억지로 기다리다 결국 함께 청소를 해준 적도 있었고, 심지어 조별 활동에 빠진 아이가 자기도 참석했다고 거짓말해달라는 요구에는 분통이 터졌지만 제대로 따지지도 못했어.

책을 쓰면서도 지금 아는 걸 그때 알았더라면 얼마나 좋았을까 하는 생각이 더 깊어졌어. 만약 그랬다면 나의 청소년기는 상처보다 즐거움이, 후회보다 뿌듯함이 가득했겠지.

혹시 이렇게 친구 때문에 고민한 적이 있다면 진짜 친구가 없다는 생각에 외로웠다면 일주일에 딱 한 번씩만 이 책에 있는 내용을 써먹어 보면 좋겠어. 목차를 보며 비슷한 상황을 찾아 골라 읽어도 좋고, 책을 들고 아무 페이지나 한 번에 딱 펼쳐서 그 페이지만 읽어도 좋아. 읽다 보면 모든 친구 관계의 문제들은 연결되어 있으니 저절로 '이렇게 해 보면 되겠구나!'라는 생각이 들 거야. 그다음에는 직접 행동에 옮겨 보자. 아는 걸 실천하는 작은 용기를 내기만 하면 저절로 친구들과 즐거운 시간이 많아질 거야.

사춘기는 아이가 어른이 되어 가는 신기하고 눈부시게 빛나는 시간이야. 하지만 툭하면 감정이 오르락내리락해서 혼란스러울 수 있어. 이건 네 탓이 아니라 호르몬 탓으로 생각하는 게 좋아. 중요한 건 진짜 친구를 찾아 함께 재미와 의미를 찾는 이 순간들이 언젠가 너의 보물이 되어 줄 거라는 점이야. 결국 네가 원하는 많은 것들이 서서히 이루어지게 되는 거지.

 마음이 잘 통하는 좋은 친구들과 함께 이 시기를 신나고 충만하게 즐기기를 응원할게. 효과적이고 신기한 변화를 만드는 친구 관계의 심리학 기법들이 큰 기쁨을 선물할 거야.

KI신서 11825

14살의 말 공부

1판 1쇄 발행 2024년 4월 11일
1판 3쇄 발행 2024년 9월 30일

지은이 이임숙
펴낸이 김영곤
펴낸곳 ㈜북이십일 21세기북스

서가명강팀장 강지은　**서가명강팀** 강효원 서윤아
디자인 STUDIO BEAR　**일러스트** 아쌈
출판마케팅팀 한충희 남정한 나은경 최명열 정유진 한경화 백다희
영업팀 변유경 김영남 강경남 황성진 김도연 권채영 전연우 최유성
제작팀 이영민 권경민

출판등록 2000년 5월 6일 제406-2003-061호
주소 (10881) 경기도 파주시 회동길 201 (문발동)
대표전화 031-955-2100 **팩스** 031-955-2151 **이메일** book21@book21.co.kr

(주)북이십일 경계를 허무는 콘텐츠 리더

21세기북스 채널에서 도서 정보와 다양한 영상자료, 이벤트를 만나세요!
페이스북 facebook.com/jiinpill21　포스트 post.naver.com/21c_editors
인스타그램 instagram.com/jiinpill21　홈페이지 www.book21.com
유튜브 youtube.com/book21pub

서울대 가지 않아도 들을 수 있는 명강의! 〈서가명강〉
유튜브, 네이버, 팟캐스트에서 '서가명강'을 검색해보세요!

ⓒ 이임숙, 2024
ISBN 979-11-7117-513-0 43180